독서의 이름

엄윤숙

'글'이란 삶의 길목마다 만나게 되는 것들에 의미를 묻고 가치를 캐는 일이라 믿는다. 앞으로도 계속 읽고 쓰며 살아내는 사람이길 소망한다.

우리고전을 많은 사람들이 즐길 수 있기를 바란다. 누구나 약간의 호기심과 조금의 성실함만으로도 우리고전을 읽을 수 있다고 생각한다. 그것을 바탕으로 사유의 영역을 넓히고 자신만의 기록을 남길 수 있기를 희망한다.

『조선 지식인의 독서노트』, 『조선 지식인의 글쓰기노트』, 『조선 지식인의 말하기노트』, 『조선 지식인의 비평노트』, 『조선 지식인의 아름다운 문장』, 『어린이를 위한 조선 지식인의 독서노트』, 『어린이를 위한 조선 지식인의 글쓰기노트』, 『어린이를 위한 조선 지식인의 말하기노트』, 『부산을 걷다 놀다 빠지다』, 『바람난 미술』, 『부모의 거짓말』, 『책만큼은 버릴 수 없는 선비 - 이덕무 선생님의 이야기보따리』, 『이덕무의 열상방언 - 우리가 몰랐던 속담 이야기 99』 등의 책을 썼다.

이메일 rrleom@hanmail.net
인스타그램 @eomyu_nsuk

사유와기록연구소

우리고전을 공부하고 연구하는 사람들의 모임이다. 한국고전 강연, 한국고전 글쓰기, 한국고전 출판 등의 활동을 하고 있다. 우리고전을 읽는 즐거움을 함께 누리고, 함께 사유하고, 함께 기록하고자 한다.

독서의 이름 우리가 몰랐던 독서법 125

발행일 2024년 12월 17일 (1판 1쇄)

지은이 엄윤숙
발행인 유현종

편 집 사유와기록연구소

발행처 사유와기록
신 고 2003년 11월 27일 (제406-2003-000400호)
주 소 경기도 파주시 회동길 480, 파주출판도시 아트팩토리 NJF, A동 223호
전 화 02-337-3767
팩 스 02-337-3731
이메일 forumpubl@naver.com

ⓒ 엄윤숙, 2024
ISBN 979-11-94118-00-8 (03810)

▋ 사유와기록 은 출판사 포럼의 임프린트입니다.

이 책은 저작권법에 따라 보호받는 저작물이므로 무단 전재와 복제를 금하며,
이 책의 전부 또는 일부를 이용하려면 반드시 저작권자와 포럼의 동의를 받아야 합니다.

▋ 책값은 뒤표지에 있습니다.
▋ 잘못된 책은 바꾸어 드립니다.

독서의 이름

우리가 몰랐던 독서법 125

일러두기

1. 각 독서의 이름과 그 뜻풀이는 '국립국어원'의 『표준국어대사전』에 기초하였다.
2. 독서를 일컫는 다양한 이름의 선택 및 설명은 『표준국어대사전』을 근거하였으나, 적합한 이름이 명시되거나 설명되지 않은 몇몇 경우는 우리고전에서 자주 사용하는 표현을 조합하고 나름의 설명을 붙였다.
3. 고전을 부분 발췌하여 독서의 의미와 가치를 설명하는 경우, '한국고전번역원'의 번역문과 원문 및 원문 이미지 자료를 참고하였다.
4. 고전을 단선적으로 번역해서는 그 뜻을 제대로 전달하기 어렵다고 판단하여, 형식과 기본 내용은 유지하되 독자들이 읽기 쉽도록 다듬어 고쳐 썼다.
5. 홍길주의 글은 『19세기 조선 지식인의 생각창고 - 홍길주의 수여방필 4부작』(정민 외 옮김)에서 재인용하였으며, 그 번역문과 원문을 바탕으로 다듬어 고쳐 썼다.
6. 본문의 한자는 독자들의 이해를 돕는 정도로 한정해서 사용하였다.
7. 서명은 『 』로, 편명은 「 」로 표기하였다.

수많은 '독서의 이름'은 독서를 부르는 다른 이름, '이명(異名)'이다.
독서의 수많은 이명을 알아가고 불러보는 것은
'독서란 무엇인가'를 사유하고
'읽기란 무엇인가'를 소명하는 일이다.

머리말

'독서(讀書)란 무엇인가?' 이 크고도 아름다운 질문은 나의 작고 허술한 머리와 가슴을 훌쩍 넘어서지만, 그럼에도 늘 궁금하고 가서 닿고 싶은 열망을 불러일으킨다. 『독서의 이름』은 독서를 가리키는 여러 이름을 통해 독서의 다양한 면모를 살펴보고 소개하려는 시도다. 감히 독서에 대한 모든 것을 밝혀낼 수는 없겠지만 독서의 진면목을 짐작할 수는 있을 것이다. 그것만으로도 의미 있고 가치 있는 일이라고 생각한다.

『맹자』에는 '물을 바라보는 데는 기술이 필요하다. 꼭 윤슬을 바라보라. 해와 달이 밝을 때 반드시 윤슬이 반짝이며 빛날 것이다[觀水有術 必觀其瀾 日月有明 容光必照焉].'라는 구절이 있다. 크고 투명한 물의 본모습은 평범한 사람들의 감각과 이해 범위를 가뿐히 넘어서기에, 물을 바라보는 것에는 기술이 필요하다는 말이다. 햇빛과 달빛에 반짝이는 윤슬을 바라보는 것으로 비로소 물의 규모를 짐작하고 깊이를 짐작하고 뜻을 짐작하며, 실감하고 감명하고 감동할 수 있다.

독서도 마찬가지다. 독서가 무엇인지 알아가는 것에도 기술이 필요하다. 우리는 우리에게 밀려오고 밀려갔던 책의 물결을 통해 '독서'를 짐작할 수 있다. 어떤 사람은 아이를 무릎에 앉히고 밤마다 꿈꾸듯 읽어주던 그림책으로 독서를 생각하고, 어떤 사람은 마음 맞는 친구와 어렵고 두꺼운 책을 읽고 토론하던 열정으로 독서를 생각하고, 어떤 사람은 밑줄 긋고 필사하던 단정한 공부로 독서를 생각할 것이다. 어떤 사람은 나무 밑에서 휴식처럼 읽던 책으로 독서를 기억하고, 어떤 사람은 폭우처럼 쏟아지던 고난 속에서 따뜻한 위로를 건넨 책으로 독서를 기억할 것이다. 이 모든 순간이 독서이며, 이 모든 장면이 독서다.

많이 읽는 다독(多讀), 글을 익숙하게 잘 읽는 숙독(熟讀), 글을 소리 내어 읽는 낭독(朗讀), 책을 외어 읽는 풍독(諷讀), 책 따위를 구입하여 읽는 구독(購讀), 글을 읽을 때 글자에 표현되어 있는 것 이상으로 그 참뜻을 체득하여 읽는 체독(體讀), 이미 읽었던 것을 다시 읽는 재독(再讀), 여러 사람이 같은 책을 돌려가며 읽는 윤독(輪讀), 소리를 내지 않고 속으로 글을 읽는 묵독(默讀), 마음속으로 읽는 심독(心讀)…. 독서의 이름이 이다지도 많다는 것은 독서의 폭과 깊이가 얼마나 넓고 깊은지 말해주는 증거다.

『독서의 이름』에는 책을 백 번 읽는 백독(百讀), 책 전부를 모조리 외는 몰송(沒誦), 책을 보고 읽는 것이 아니라 외워서 읽는 암독(暗讀) 등이 등장한다. 이것들은 책 자체가 귀하던 시절 한자가 빼곡한 서책을 외워 과거시험을 준비하던 옛사람들에게나 유용한 독서법이 아닌가 하는 인상을 받을 수 있다. 하지만 반복해서 외고 외우는 것은 나와 평생을 함께 살아갈 책을 머리와 가슴에 새기는 일이기에, 지금 우리에게도 꼭 필요한 독서법이다. 책을 눈으로만 읽는 것에 그치지 않고 좋은 문장을 통째로 외우는 과정은 내가 그 책을 진정으로 간직하고 소유하게 하는 귀중한 방법이다.

이 책에서는 처음부터 끝까지 읽지 않고 띄엄띄엄 가려서 읽는 적독(摘讀)도 옳다 하고, 책을 끝까지 모두 읽는 완독(完讀)도 옳다 한다. 독서에 대해 얼핏 서로 상충하는 것처럼 보이는 설명을 동시에 제시하는 이유는 독서의 다층적인 면모를 밝히기 위한 것이다. 수많은 '독서의 이름'은 독서를 부르는 다른 이름, '이명(異名)'이다. 독서의 수많은 이명을 알아가고 불러보는 것은 '독서란 무엇인가?'를 사유하고 '읽기란 무엇인가?'를 소명하는 일이다.

머리말

『독서의 이름』은 독서의 윤슬이 다양한 색과 모양으로 빛나는 순간을 포착하고 목격하는 책이다. 독서란 단순히 글자를 읽는 것이 아니라, 책 안에서 또 책 밖에서 일어나는 자신의 변화를 관찰하고 기록하고 호명하는 일이다. 『독서의 이름』을 통해 독자들이 '독서란 무엇인가?'에 대해 다시 생각해보는 계기가 될 수 있기를 소망한다. 또한 책과 함께하는 일상에서 독서의 이름을 발굴하고 활용하는 데 길잡이가 되길 바란다.

엄윤숙

목차

001 구독 購讀	책이나 신문, 잡지 따위를 구입하여 읽음	
002 체독 體讀	글자에 표현되어 있는 것 이상으로 그 참뜻을 체득하여 읽음	
003 오독 誤讀	잘못 읽거나 틀리게 읽음	
004 야독 夜讀	밤에 글을 읽음	
005 색독 色讀	글자가 표현하는 뜻만을 이해하며 읽음	
006 신독 身讀	경전을 읽고 그 가르침대로 몸으로 행함	
007 심독 心讀	마음속으로 읽음	
008 완독 完讀	글이나 책 따위를 끝까지 모두 읽음	
009 전독 展讀	펼쳐서 읽음	
010 정독 情讀	마음을 붙여 읽음	
011 일독 一讀	한 번 읽음	
012 남독 濫讀	아무 책이나 닥치는 대로 마구 읽음	
013 편독 偏讀	한 방면에만 치우쳐 책을 읽음	
014 반독 返讀	되풀이하여 읽음	
015 이독 耳讀	귀로 읽음	
016 정독 正讀	글의 참뜻을 바르게 파악함	
017 졸독 卒讀	책 읽기를 마침. 또는 어떤 책을 다 읽음	
018 초독 初讀	글을 처음으로 읽음. 또는 그런 사람	
019 염독 念讀	주의 깊게 생각하며 읽음	
020 권독 勸讀	책 읽기를 권함	
021 음독 音讀	글 따위를 소리 내어 읽음	
022 훈독 訓讀	한자의 뜻을 새겨서 읽음	
023 배독 拜讀	남의 글을 존경하는 마음으로 공손히 읽음	
024 회독 會讀	여러 사람이 모여 책을 읽고 그 내용을 연구하고 토론함	
025 정독 精讀	뜻을 새겨가며 자세히 읽음	
026 미독 味讀	내용을 충분히 음미하면서 읽음	
027 해독 解讀	어려운 문구 따위를 읽어 이해하거나 해석함	
028 속독 速讀	책 따위를 빠른 속도로 읽음	
029 세독 細讀	글의 내용을 자세하게 읽음	
030 배독 配讀	짝지어 읽음	

031 송독 誦讀	외워서 글을 읽음	
032 필독 畢讀	책 읽기를 끝냄	
033 암독 暗讀	책을 보고 읽는 것이 아니라 외워서 읽음	
034 완독 玩讀	글의 뜻을 깊이 생각하면서 읽음	
035 적독 積讀	책을 쌓아두기만 함을 놀림조로 이르는 말	
036 범독 泛讀	정신을 기울이지 않고 글을 데면데면하게 읽음	
037 연독 連讀	연속하여 읽음	
038 필독 必讀	반드시 읽어야 함. 또는 반드시 읽음	
039 낭독 朗讀	글을 소리 내어 읽음	
040 삼독 三讀	세 번 읽음	
041 경독 耕讀	농사짓기와 글 읽기	
042 교독 交讀	글을 번갈아 읽음	
043 합독 合讀	다른 책과 연관하여 함께 읽음	
044 시독 始讀	책 읽기를 시작함	
045 진독 眞讀	불교 경전을 차례대로 빼지 아니하고 다 읽음	
046 습독 習讀	글을 익혀 읽음	
047 갱독 更讀	다시 읽음	
048 재독 再讀	이미 읽었던 것을 다시 읽음	
049 목독 目讀	눈으로 읽는다는 뜻으로, 소리 없이 읽음을 이르는 말	
050 풍독 諷讀	책을 외어 읽음	
051 복독 復讀	글을 되풀이하여 읽음	
052 비독 飛讀	여기저기 빼놓고 넘어가면서 띄엄띄엄 읽음	
053 탐독 耽讀	어떤 글이나 책 따위를 열중하여 읽음	
054 열독 熱讀	책이나 글 따위를 열심히 읽음	
055 열독 閱讀	책이나 문서 따위를 죽 훑어 읽음	
056 반독 伴讀	남과 더불어 함께 글을 읽는 일. 또는 그리하는 사람	
057 병독 竝讀	아울러 읽음	
058 난독 亂讀	함부로 아무것이나 마구 읽음	
059 회독 回讀	여러 사람이 차례로 돌려가며 읽음	
060 소독 素讀	글 따위를 서투르게 떠듬떠듬 읽음	
061 통독 通讀	처음부터 끝까지 훑어 읽음	
062 임독 臨讀	책을 스승 앞에 펴놓고 읽음	
063 약독 略讀	중요한 대목만 대충 읽음	
064 백독 百讀	같은 책을 충분히 이해할 때까지 거듭 읽음을 이르는 말	
065 애독 愛讀	즐겨 재미있게 읽음	
066 도독 盜讀	몰래 읽거나 훔쳐 읽음	
067 전독 轉讀	처음·중간·끝의 몇 줄만 읽거나 띄엄띄엄 읽는 일	
068 차독 借讀	남의 책 따위를 빌려서 읽음	
069 난독 難讀	읽기 어려움	
070 다독 多讀	많이 읽음	

071 배독 背讀		책을 스승 앞에 펼쳐놓고 자기는 보지 아니하고 돌아앉아서 욈
072 검독 檢讀		글을 검열하여 잘못된 것을 고치기 위하여 읽는 일
073 봉독 奉讀		남의 글을 받들어 읽음
074 중독 重讀		거듭 읽음
075 숙독 熟讀		글을 익숙하게 잘 읽음
076 역독 譯讀		번역하여 읽음
077 강독 講讀		글을 읽고 그 뜻을 밝힘
078 편독 徧讀		치우치지 아니하고 두루 책을 읽음
079 윤독 輪讀		여러 사람이 같은 글이나 책을 돌려가며 읽음
080 번독 翻讀		글을 번역하여 읽음

081 적독 摘讀		띄엄띄엄 가려서 읽음
082 서독 徐讀		책을 천천히 읽음
083 완독 緩讀		느리게 읽음
084 와독 臥讀		누워서 책을 읽음
085 묵독 默讀		소리를 내지 않고 속으로 글을 읽음
086 관서 觀書		소리를 내지 않고 눈으로 글을 읽음
087 구서 九書		책과 관련한 아홉 가지 일
088 금서 琴書		거문고를 타며 책을 읽음. 거문고와 서책
089 간서 看書		책을 소리 내지 않고 눈으로 읽음
090 독사 讀史		역사책을 읽음

091 독도 讀圖		지도나 도면을 보고 그 내용을 알아봄
092 독파 讀破		많은 분량의 책이나 글을 처음부터 끝까지 다 읽음
093 독후 讀後		책을 읽고 난 뒤
094 독료 讀了		많은 분량의 책이나 글을 끝까지 다 읽음
095 서음 書淫		글 읽기를 지나치게 즐김. 또는 그런 사람
096 우목 寓目		눈여겨보거나 주목함
097 도능독 徒能讀		글의 깊은 뜻은 알지 못하고 오직 읽기만 잘함
098 고성대독 高聲大讀		크고 높은 목소리로 글을 읽음
099 독서삼여 讀書三餘		책을 읽기에 적당한 세 가지 한가한 시간
100 사가독서 賜暇讀書		휴가를 주어 독서당에서 공부하게 하던 일

101 독서삼도 讀書三到		독서를 하는 세 가지 방법
102 폐호독서 閉戶讀書		집 안에 틀어박혀 책을 읽음
103 고봉독서 高鳳讀書		독서에 정신이 팔려 보리가 떠내려가는 줄도 몰랐던 고봉의 독서
104 독오거서 讀五車書		다섯 대의 수레에 가득히 실을 만큼 많은 책을 읽음
105 월광독서 月光讀書		달빛으로 책을 읽음
106 독서삼매 讀書三昧		아무 생각 없이 오직 책 읽기에만 골몰하고 있는 상태

❋ 외는 독서

107 기송 記誦 기억하여 암송함
108 독송 讀誦 소리 내어 읽거나 외움
109 몰람 沒誦 글이나 책 전부를 모조리 욈
110 송설 誦說 읽어서 풀어 설명함
111 누송 淚誦 눈물을 흘리며 시나 문장을 읊거나 노래를 부름
112 구송 口誦 소리 내어 외우거나 읽음
113 낙송 洛誦 글을 되풀이하여 소리 내어 읽음

❋ 훑어보는 독서

114 박람 博覽 책을 두루 많이 읽음
115 기람 記覽 기억하고 살펴봄
116 을람 乙覽 임금이 밤에 독서하는 일
117 일람 一覽 한 번 봄. 또는 한 번 죽 훑어봄
118 소람 笑覽 자기의 글을 웃으며 보아달라는 뜻으로 겸손하게 이르는 말
119 고람 高覽 남이 자신의 글을 보아줌을 높여 이르는 말
120 구람 購覽 책이나 신문, 잡지 따위를 구입하여 읽음
121 피람 披覽 책이나 문서 따위를 펼쳐 봄
122 전람 電覽 글의 내용을 빨리 훑어봄

❋ 쓰는 독서

123 초서 抄書 책의 내용 가운데 중요한 부분만을 뽑아서 씀
124 질서 疾書 책을 읽다가 떠오르는 생각을 재빠르게 씀
125 필사 筆寫 베끼어 씀

구독 購讀

購 살 구
讀 읽을 독

책이나 신문, 잡지 따위를 구입하여 읽음.

독서의 이름 001

 '구(購)'는 돈, 재화, 재물[貝, 조개 패]을 주고 무언가를 사는 것을 뜻한다. 구독은 정기간행물을 돈을 주고 구입해서 읽는 독서법이다. 구독은 돈이 드는 일이다. 돈이 드는 일은 누군가에게는 곧 돈이 되는 일이다. 요즘 유튜브 채널을 선택해 보고 있으면 시시때때로 '구독', '좋아요', '알람'을 설정하라며 독촉한다. 따로 돈을 지불하지 않고도 손가락만 살짝 움직이면 된다고 은밀하고도 집요하게 타이른다. 하지만 우리가 가진 시간과 관심은 언제나 가장 귀중한 재화이며 가장 값비싼 재물이었다.

 나의 '구독(購讀)'이 곧 '나'를 말해준다. 내가 어떤 것을 좋아라 하며 구독하느냐가 나의 읽기를 구성하고, 내가 얼마나 꼬박꼬박 구독하느냐가 나의 하루를 대변하고, 내가 무얼 어떻게 구독하느냐가 나의 삶을 이야기해준다.

체독 體讀

體 몸 체
讀 읽을 독

글을 읽을 때 글자에 표현되어 있는 것 이상으로 그 참뜻을 체득하여 읽음.

독서의 이름 002

'체(體)'는 눈·코·입·손·발 등 여러 가지가 갖추어진 몸 전체를 뜻한다. '체독(體讀)'은 머리로만 읽는 것을 경계하고 온몸을 통해 읽고 익힐 것을 당부하는 말이다. 독서란 흰 종이 위에 널브러진 검은 글자들을 최대한 많이 머릿속에 쓸어 담은 최종 결과가 아니라, 나의 몸 구석구석을 관통하는 깨달음의 과정이며 여정이다.

독서는 머리로만 아는 것이 아니라 온몸을 통과한 체득이어야만 한다. 독서란 책 읽기를 통해 지식을 얻는 지적 행위일 뿐만 아니라 전인적인 체험이다. 체득이란 '책 따로 나 따로'가 아니라 책에서 읽은 것을 나의 눈에 담고, 뼈에 새기고, 가슴에 녹여내는 통합적이며 종합적인 경험이다.

오독 誤讀

誤 그르칠 오
讀 읽을 독

잘못 읽거나 틀리게 읽음.

독서의 이름 003

'오(誤)'는 머리를 갸우뚱 기울인[矢, 머리 기울 열] 사람의 입[口, 입 구]에서 나오는 말[言, 말씀 언]로, 뭔가 그릇되고 잘못되었다는 것을 뜻한다. 고개가 삐뚤어져 있으니 균형 잡힌 말이나 행동을 할 수 없다. '오독(誤讀)'은 읽기는 읽는데 틀리게 읽는 것이다. 읽는 내가 한쪽으로 쏠리고 기울어져 있는데 똑바로 읽힐 리가 없다. 나를 바로 세우지 않고서 읽기, 읽기, 읽기만 계속하면 나의 삐뚤어짐은 더욱 고약하고 망측해질 뿐이다.

잠깐 독서를 멈추고 그동안 나의 읽기가 오독은 아니었는지 생각해볼 일이다. 남보다 많이 못 읽었다고 걱정하는 대신 잘못 읽고 있었던 것은 아닌지 걱정해야 한다. 매일매일 읽지 않았다고 근심하는 대신 틀리게 읽고 있었던 것은 아닌지 근심해야 한다.

야독 夜讀

夜 밤 야
讀 읽을 독

밤에 글을 읽음.

독서의 이름 004

'주경야독 수불석권(晝耕夜讀 手不釋卷)'은 낮에는 밭을 갈고 밤에는 글을 읽으며 손에서는 책을 놓지 말아야 한다는 뜻으로 『소학』에 나오는 말이다. 바쁜 생활 속에서도 틈을 내어 독서를 하는 모습이다. 상황과 환경을 탓하지 않고 열심히 책을 읽는 자세를 강조하는 주경야독(晝耕夜讀)과 비슷한 말에는 맑으면 농사짓고 비가 오면 책을 읽는다는 청경우독(晴耕雨讀), 소의 뿔에 책을 걸고 읽는다는 우각괘서(牛角掛書) 등이 있다.

야독은 야심한 밤에 잠도 자지 않고 온통 책을 읽겠다는 야심 찬 말이 아니라, 부러 짬을 내어 읽지 않으면 도대체 독서할 시간이 나질 않는다는 안타까움의 말이다. 학교 가고 직장 가고 설거지하고 운동하는 짬짬이 독서를 해야 한다. 연애하고 이사하고 청소하고 여행하는 틈틈이 독서를 해야 한다. 처절한 밥벌이에도 함부로 침몰하지 않는 독서, 치열한 바쁨에도 함부로 잠식되지 않는 독서에 대한 기대와 기도가 야독이다.

색독 色讀

色 빛 색
讀 읽을 독

글을 읽을 때 문장 전체의 의미를 파악하지 못하고 글자가 표현하는 뜻만을 이해하며 읽음.

독서의 이름 005

'색(色)'은 유혹적이고 매혹적이기에 경계의 대상이다. 붉어진 낯빛, 떨리는 눈빛, 불안한 숨소리… 감정이 폭발하고 격발하고 북받치고 휘몰아쳐 이성적 판단을 막는다. 색독에 빠지면 읽으면 읽을수록 생각이 정리되는 것이 아니라 오히려 혼란스럽고 어지러워진다. 전체를 보지 못하고 글자 그대로 어느 한 곳에 푹 빠지게 되면 원뜻은 돌보지 않게 되어버린다. 왜 그렇게 되었는지 그래서 뭐가 어떻다는 건지 따지지 않고 드러난 현상과 결과에만 집착한다. 단계와 과정은 무시하고 자신의 감정에만 매몰된다.

믿고 싶지 않지만 우리가 책이라고 부르는 것들 중에도 쓰레기가 더러 섞여 있다. 또 좋은 책이라고 믿는 책도 독자의 눈을 사로잡기 위해 형형색색(形形色色)의 무언가로 잔뜩 꾸며져 있다. 정신을 바짝 차려야 '색독(色讀)'에 현혹되지 않고, 원래의 의미를 알아차리고 전체를 파악할 수 있다.

신독 身讀

身 몸 신
讀 읽을 독

경전을 읽고 그 가르침대로 몸으로 행함.

독서의 이름 006

'신독(身讀)'은 눈으로만 책을 읽고 끝내는 것이 아니라 책의 가르침에 따라 내 몸을 움직여 실천하는 독서법이다. 독서는 글자를 읽으면 끝나는 것이 아니라 그 순간 출발점에 서는 것이다. 손을 움직여 읽은 것을 실천하고, 발을 움직여 읽은 것을 실행할 때 독서는 비로소 시작된 것이다. 책을 읽는 이유는 앎을 위해서고, 알아야 하는 이유는 실천하기 위해서다. 실천하지 않는 독서는 아직 독서가 아니다.

글자 하나를 읽을 때마다 사랑하는 사람과 겹쳐 보이고, 글 한 줄을 읽을 때마다 해야 할 일이 생각나고, 책 한 쪽을 읽을 때마다 가슴이 뜨겁게 달궈지고, 책 한 권을 읽을 때마다 달려갈 곳의 목록이 늘어나는 것이 독서의 참뜻이다.

심독 心讀

心 마음 심
讀 읽을 독

마음속으로 읽음.

독서의 이름 007

'심(心)'은 심장의 모양을 본뜬 것이다. 심장으로 보내는 피가 모자라거나 흐려지면 심장에 이상이 생기고, 심장으로 가는 길이 막혀 있으면 생명이 위험하다. 내 몸에 심장이 멈춘다는 것은 곧 죽음을 의미한다. 독서는 눈에서 입으로, 다시 입에서 마음에까지 다다르는 기나긴 여정이다. 눈에는 도달했으나 마음에는 다다르지 못했다면 아직 독서가 아니다. 뜨거운 심장으로, 간절한 마음으로 읽어야 진짜 독서다.

아무리 눈을 부릅뜨고 밤낮없이 책과 씨름해도, 아무리 입으로 책 한 권을 통째로 줄줄 외워도 아직 독서가 아니다. 독서는 내 마음속에 들어와 내 삶의 방향을 돌려놓는 것, 나를 송두리째 바꿔놓는 것이다. 하지만 내 마음은 어지간해서는 내 마음대로 되어주질 않는다. 아주 한순간 잠깐 방심(放心)하면 마음은 멀리멀리 달아나버린다. 그 마음을 다스리고, 그 마음을 다잡는 것이 마음독서, '심독(心讀)'이다.

완독 完讀

完 완전할 완
讀 읽을 독

글이나 책 따위를 끝까지 모두 읽음.

독서의 이름 008

'책씻이[冊施時]'라는 것이 있다. '책씻이'는 글방에서 학생이 책을 완독하고 나면 음식을 마련해 주위 사람들과 기쁨을 나누던 일을 말한다. 정조는 『춘추』를 완독(完讀)하고 "**어머님께 고하였더니, 마치 어렸을 때처럼 여기시고 여염집에서와 같이 약간의 술과 떡을 준비해 주시므로 신하들과 함께 이것을 나누어 먹었다.**"라고 했다. 『춘추』를 완독한 정조는 어머니가 마련해주신 음식을 마주하자 마치 옛날로 돌아간 것처럼 책씻이의 추억에 젖었다.

우리에게는 책을 완독하면 잘했다고 수고했다고 곁에서 축하하고 칭찬해주는 멋진 전통이 있었다. 독서는 응원받아 마땅하고 격려받아 마땅한 일이다. 특히 어린아이의 책 읽기는 어른들의 각별한 배려와 관심이 필요하다. 아이가 책을 한 권 읽을 때마다 동네에서 가장 예쁜 아이스크림을 사주고 가장 맛난 떡볶이를 사주자. 완독의 경험이 말할 수 없이 달콤하고 근사하다는 것을 아이의 가슴에 심어주는 엄마와 아빠, 삼촌과 이모, 할아버지와 할머니가 되자.

전독 展讀

展 펼 전
讀 읽을 독

펼쳐서 읽음.

독서의 이름 009

'전(展)'은 전시(展示)하고 전람(展覽)할 수 있도록 잘 정돈해서 사람들에게 펼쳐 보이는 것이다. '전독(展讀)'은 독서라는 것은 책을 펼치기만 하면 된다는 강인한 약속이다. 책은 우리가 잘 볼 수 있도록 작가가 고심해서 주제와 문장과 예시와 호흡까지도 정돈하고, 편집자가 제목과 목차와 일러두기와 부록까지도 알뜰하고 살뜰하게 준비해둔 것이다.

단지 펼치기만 하면 된다. 보려고 마음먹을 때마다 본인을 인증하라는 성가신 신분증 검사도 없고, 배터리가 3%밖에 남지 않았는데 어떡하지 하는 걱정도 없고, 억겁보다 길게 느껴지는 로딩시간도 필요 없다. 잠시 손가락을 끼워 닫아 두었던 책장을 다시 펼치기만 하면 곧장 책의 세계로 빨려 들어갈 수 있다. 펼쳐서 읽기만 하면 책이 차근차근 준비하고 예비한 달콤 쌉싸름한 그 무엇을 음미할 수 있다. 펼쳐라, 책을 읽고 가능성을 펼치고, 책을 딛고 희망을 펼치고, 책을 품고 꿈을 펼쳐라. 펼쳐라, 지금 당장 책을 펼쳐 읽어라.

정독 情讀

情 뜻 정
讀 읽을 독

마음을 붙여 읽음.

독서의 이름 010

사람은 누구나 때때로 외롭다. 누구 하나 나를 진심으로 걱정하고 위로하는 사람이 없다는 생각에 쓸쓸하고 쓸쓸하다. 시간과 돈 그리고 마음까지 듬뿍 썼지만 돌아오는 것이라곤 지긋지긋한 소통 오류와 지독한 오욕뿐이라 헛헛했던 순간이 얼마나 많았던가. 사람이 고요하고도 행복하게 살아가려면 마음을 붙일 곳이 꼭 필요하다.

'정독(情讀)'은 마음을 붙여 책을 읽는 독서법이다. '정(情)'은 따뜻한 마음이 푸릇푸릇하게[靑] 돋아나는 것이다. 따스하고 보드라운 마음과 여리고 순한 생각의 싹이 자라나도록 돕는 것이 책 읽기다. 고단한 일상을 살면서 지칠 대로 지쳐버린 몸과 마음을 편히 누일 품이 되는 책, 그 한 권을 가진다는 것은 크나큰 축복이다. 마음 붙일 곳 없었던 가엾은 영혼이 찾은 작지만 따뜻한 안식처, 부질없는 망상에 들뜨고 헤매다 망가진 마음을 붙들어줄 고마운 존재가 독서다.

일독 一讀

一 한 일
讀 읽을 독

한 번 읽음.

독서의 이름 011

'일독(一讀)'을 권하다. '일독'에는 '권하다'라는 말이 잘 어울린다. 남에게 한 번 읽어볼 것을 권하려면 나는 그 책을 잘 알고 있어야 한다. 아니 잘 알기까지는 못해도 한 번 읽어보기는 해야 한다. 남에게 일독을 권하려면 나의 일독이 선행되어야 한다. 내가 다른 사람에게 해줄 수 있는 것은 일독을 권하는 것까지다. 그 책을 정말 사랑하게 되어 평생을 함께할지, 일독의 가치도 없다고 판단할지는 책을 읽어볼 그 사람의 몫이다.

다른 사람에게 책 한 권을 권하는 사람, 책 한 번 읽기를 권하는 사람으로 살아야 한다. 나만 책을 읽을 것이 아니라 다른 사람에게도 일독을 권하는 마음이 일어나는 것이 독서인의 올바른 태도다. 다만 조언을 가장한 무례함, 권유를 가칭한 무례함을 범해서는 안 된다. 내게 너무 소중한 사람에게 나의 취향과 기쁨을 소개하고 공유하고 싶은 마음이 드는 것은 너무나 자연스럽지만, 독서를 강요하거나 강권하는 것은 철저히 경계할 일이다.

남독 濫讀

濫 넘칠 람(남)
讀 읽을 독

책의 내용이나 수준 따위를 가리지 아니하고 아무 책이나 닥치는 대로 마구 읽음.

독서의 이름 012

'람(濫)'은 제 그릇[皿, 그릇 명]의 쓰임과 크기를 모르고 덤비다가 물방울[氵, 삼수변 수]이 사방에 튀도록 넘치는 모양을 나타낸다. '남독(濫讀)'은 자신의 수준을 따지지 않고 닥치는 대로 마구 읽어대는 독서법이다. 적절한 차례나 체계 없이 아무렇게나 책을 읽으면 득이 되는 것이 아니라 독이 된다. 책 한 권 읽는데도 내 그릇이 어느 정도인지 가늠해야 한다. 주제를 알고 고상하고 어려운 책은 붙들지도 말라는 엄포가 아니라, 읽기가 지적 허영을 위한 위안거리로 전락하는 것을 경계하는 말이다.

하루에도 몇 권씩 읽어치우는 독서, 생각 없이 그저 이것저것 마구 읽어버리는 남독은 안 읽느니만 못하다. 읽은 것에 억눌리고 파묻혀 그나마 있던 것도 잃어버리게 된다. 읽을수록 사고가 헝클어지고, 읽을수록 생각이 잡스러워지고, 읽을수록 나를 잃는 것은 참으로 안타까운 일이다.

편독 偏讀

偏　치우칠 편
讀　읽을 독

한 방면에만 치우쳐 책을 읽음.

독서의 이름 013

편식(偏食)이 해롭듯 편독(偏讀)도 해롭다. 자신에게 익숙하고 편한 것에 대한 치우침은 곧잘 편 가르기와 차별로 이어진다. 어느 한쪽에 치우쳐 책을 읽는 '편독(偏讀)'은 못나 빠진 편견(偏見)을 더욱 견고하게 만들고, 너저분한 편애(偏愛)를 부추기고, 허접한 편파(偏頗) 보도를 믿게 만들고, 심각한 편중(偏重) 현상을 가중시키고, 위험천만한 편향(偏向)적 성향을 더욱더 불타오르게 만든다.

편독은 지독히도 속 좁은 독서다. 어느 한 분야를 잘 아는 것과 한쪽에만 치우치는 것을 혼동하면 곤란하다. 독서의 균형과 조화를 잃으면 지식이 쌓이고 마음이 수양 되는 것이 아니라, 오히려 읽는 것마다 짐이 되고, 보는 것마다 눈과 귀를 가리는 방해물이 된다.

반독 返讀

返 돌이킬 반
讀 읽을 독

되풀이하여 읽음.

독서의 이름 014

'반(返)'은 끝까지 왔지만 다시 되돌려서[反, 되돌릴 반] 천천히 걸어가는[辶, 쉬엄쉬엄 갈 착] 모습이다. '반독(返讀)'은 같은 책을 여러 번 되풀이해서 읽는 독서법이다. '독수(讀數)'는 글을 읽은 횟수를 말하는데, 옛사람들은 산가지를 이용해 독수를 세면서 책을 반복해 읽었다. '산가지'는 대나무 따위를 젓가락처럼 만들어 가로세로로 벌여놓고 셈하는 막대기를 말하는데, 일·백·만 단위는 세로로 놓고, 십·천 및 지금의 십만에 해당하는 억 단위는 가로로 놓았다. 조선시대 학자 김득신의 「독수기」에는 1만 번 이상 읽은 글 36편의 목록이 적혀 있다. 이 중 『사기』의 「백이열전」은 무려 1억 1만 3천(지금으로는 11만 3천) 번이나 읽었다고 한다. 그는 자신의 서재를 억만 번 책을 읽는 곳이라 하여 '억만재'라 이름 지었다.

생각해보면 우리는 같은 책을 읽을 수 없다. 읽을 때마다 매번 다른 기쁨이 찾아오고, 매번 새로운 배움을 발견하고, 매번 다른 울림으로 다가오기에 되풀이해서 책을 본다고 해서 같은 책을 읽었다고 말할 수 없다. 그래서 백 번, 천 번, 만 번 읽어도 지루하거나 지겹지 않을 수 있다. 적어도 억만 번 정도는 읽을 자신이 있어야 그 책을 좋아한다고 말할 수 있는 것이다.

이독 耳讀

耳 귀 이
讀 읽을 독

귀로 읽음.

독서의 이름 015

　조선시대 학자 이익은 『성호사설』에서 귀로 읽는 독서, 이독(耳讀)을 소개했다. 옛날에 앞을 보지 못하는 위박이라는 사람이 있었다. 다른 사람에게 모든 역서(曆書)를 소리 내어 읽도록 하고 자기는 귀로 들으면서 읽었다. 들으면서 하나라도 틀린 것이 나오면 바로 발견하고, 또 산가지를 사용하는데도 비호처럼 빨라 다른 사람의 눈이 그의 손을 쫓아가지 못했다. 『춘추』에 일식 기록이 36번 있는데, 천문학에 정통한 사람도 보통 16~17번 이상을 맞히지 못하는데 위박은 35번을 알아냈다고 한다.

　그의 독서는 장애를 극복하고 도전하는 정도가 아니라 그 누구보다 정확하고 깊이 있는 경지에 다다랐다. 때로는 제약과 제한이 평범한 범주를 뛰어넘는 디딤발이 되기도 한다. 위박의 '이독(耳讀)' 이야기는 오늘날 눈으로 읽는 대신 전문 성우나 저자가 직접 책을 낭독해 귀로 들을 수 있게 만든 오디오북(Audio Book)을 상기시킨다. 집중하며 귀로 읽는 '이독(耳讀)'은 어쩌면 더 세밀하고 더 강력한 독서의 세계로 우리를 이끌 수 있다.

정독 正讀

正 바를 정
讀 읽을 독

글의 참뜻을 바르게 파악함.

독서의 이름 016

'정독(正讀)'은 글의 뜻을 바르게 파악해 책을 읽는 독서법이다. 제대로 된 소리와 뜻을 모를 때는 무작정 읽을 것이 아니라 바르게 알고 난 후에 읽기를 이어가야 한다.

조선시대 학자 김종직은 일찍부터 학문과 문장이 뛰어났는데 그 배움의 뿌리에는 아버지인 김숙자가 있었다. 김숙자는 정몽주와 길재의 학통을 이은 학자였다. 김종직은 아버지에게 독서의 모든 것을 배우고 익혔다. 책을 읽는 바른 소리와 참뜻뿐 아니라 책을 어떻게 읽을지, 무슨 책을 먼저 읽을지, 얼마나 읽을지도 철저히 배웠다. 아버지가 아들에게 독서와 함께 가르친 것은 바른 글씨 쓰기와 바르게 산가지 놓는 방법이었다. '**글씨는 마음의 그림이니 반드시 단정하게 쓰고 바르게 익혀야 한다.**' '**일상생활 속의 사물은 산가지가 아니면 그 숫자를 쉽게 파악할 수 없으니, 산가지를 놓을 때 위치를 삐뚤게 해서는 안 된다.**' 정독(正讀)은 바른 자세로 앉는 정좌(正坐)와 어울리고, 글씨를 흘려 쓰지 않고 또박또박 쓰는 정서(正書)와 어울리고, 크고 작은 일을 속이지 않는 정직(正直)과 어울린다.

졸독 卒讀

卒 마칠 졸
讀 읽을 독

책 읽기를 마침. 또는 어떤 책을 다 읽음.

독서의 이름 017

 '졸독(卒讀)'은 어떤 책을 다 읽어서 책 읽기를 졸업하고 마치는 것을 뜻한다. 그런데 책을 사놓고 읽지 않는 일은 역설적이게도 평소에 독서를 즐겨 하는 사람만이 가질 수 있는 경험치다. 독서에 소홀한 사람은 책을 사는 일도, 책을 읽다가 마는 일도 없기 때문이다.

 책을 사놓고 읽지 않은 것을 죄악시하는 강박적 사고는 독서에 커다란 방해 요소다. 사놓고 읽지 않는 것이 무서워서 아예 책 구입을 원천적으로 봉쇄해버린다. 졸독해야 한다는 강박보다는 책에 대한 좀 더 느슨하고 성근 접근 방식이 필요하다. 언젠가 읽을 책, 목차만 훑어보고 읽은 셈 치는 책, 사는 것만으로도 그저 행복한 책, 표지가 예뻐서 가지고 다니는 책… 모두 나의 독서를 위한 책들이다. 독서는 완고한 얼굴을 하고 있을 때보다 부드럽고 너그러운 얼굴일 때가 좋다. 자신이 만난 모든 책을 졸독하려고 덤비지 말고 '즐독(즐기면서 쉬엄쉬엄 하는 독서)'하면 될 일이다.

초독 初讀

初 처음 초
讀 읽을 독

글을 처음으로 읽음. 또는 그런 사람.

독서의 이름 018

'초(初)'는 옷[衣, 옷 의]을 만들기 위해서는 가위나 칼[刀, 칼 도]로 천을 마름질하는 작업이 맨 처음 단계에 있어야 한다는 뜻이다. 처음에는 느리고 더디게 느껴지더라도 한 땀 한 땀 바느질을 하고 다림질을 하고 나면 말끔하고 멋진 옷이 완성된다.

초독(初讀)하는 사람은 초행(初行)길의 느림과 서투름을 두려워하지 말아야 한다. 처음부터 한 글자도 더듬지 않고 읽을 수 없다. 더디고 힘들지만 읽고 또 읽는 것이 독서의 유일한 길이다. 단숨에 읽어 내려가는 독서는 없다. 누구나 남모르는 곳에서 홀로 고통과 고뇌의 시간을 견딜 뿐이다. 보고 또 보고, 읽고 또 읽는 것이 가장 정직한 태도이며 탁월한 재능이다. 독서의 재능은 단번에 내달리는 천재성이 아니라, 더듬더듬 머뭇머뭇 갈팡질팡하는 스스로를 참아내는 인내심에 가깝다. 처음부터 기름칠한 듯 잘하는 것이 아니라, 읽고 또 읽고 넘어지고 또 넘어져야 비로소 좋은 독서에 가까워진다는 것을 아는 것이 훌륭한 독서다.

염독 念讀

念 생각 념(염)
讀 읽을 독

주의 깊게 생각하며 읽음.

독서의 이름 019

'염(念)'은 지금[今, 이제 금] 나의 심장[心, 마음 심]이 하는 소리를 듣는 것이다. 책을 열심히 읽을 때는 읽는 일에 열중하느라 오히려 책을 내 마음에 담거나 내 상황에 비춰보는 것에 소홀할 수 있다. 책을 따라가느라 바빠 가슴에 떠오르는 내 생각은 건성으로 보아 넘기기 쉽다. 독서에도 잠시 숨 고르기가 필요하다. 밤에 고요히 누워 생각해보면 낮에 읽은 것 중에서 뭔가 아차 하는 느낌이 지나가기도 하고, 예전에 읽은 것 중에서 문득 십수 년간 깨닫지 못했던 오묘한 뜻을 깨닫기도 한다.

'염독(念讀)'은 생각하며 읽는 독서법이다. 생각할 거리가 없는데 생각을 많이 하려고 들면 쓸데없는 염려(念慮)만 쌓인다. 책을 읽어야 생각거리가 생긴다. 동시에 책을 덮어야 생각할 시간이 생긴다. 매일 책을 읽는 것도 좋지만 때때로 책을 덮고 책에서 읽은 것을 지금 나의 삶에 대입해 생각해보는 과정도 꼭 필요하다. 그래야 독서가 깊어지고 생각이 깊어진다.

권독 勸讀

勸 권할 권
讀 읽을 독

책 읽기를 권함.

독서의 이름 020

'권독(勸讀)'은 책을 읽도록 권하는 것을 뜻한다. 조선시대에는 세손에게 학문을 가르치는 일을 하던 종오품 벼슬로 좌권독, 우권독 두 명의 세손권독이 있었다. 세손에게는 책 읽기를 권하는 임무를 가진 사람이 좌우에 있었다. 어린아이라면 누구나 세손이라도 된 것처럼 좌우에서 책을 권하는 어른들이 있어야 한다.

청소년소설 『완득이』가 처음 나왔을 때 나는 서점에서 10분쯤 보다가 숨이 넘어가게 웃었다. 그길로 바로 구입해서 단숨에 읽었다. 옆에서 그걸 지켜보던 아이는 그 당시 10살 정도였는데, 엄마가 너무 웃으니까 자기도 보겠다고 몇 장을 읽다가 별로라며 슬그머니 내려놓았다. 그 일이 있고 1년 후 어느 날 저녁밥을 먹는 자리에서 아이는 『완득이』를 다섯 번 읽었다면서 볼 때마다 웃겨서 침대에서 굴러떨어질 것 같다고 말했다. 심심해서 한 번, 그냥 보고 싶어서 한 번, 재밌어서 한 번, 다시 보고 싶어서 한 번, 친구에게 책 내용을 말해주다가 갑자기 궁금한 게 생겨서 한 번… 나보다 더 책 읽기를 즐기고 있었다. 부모가 아이에게 독서를 권하는 법은 오늘 몇 쪽이나 읽었냐고 닦달하는 것이 아니라 그저 키득거리며 자신이 읽고 싶은 책을 읽는 모습이 아닐까? 부모가 날이면 날마다 책 대신 술을 즐기면서 아이에게는 책을 읽으라고 권하면 권독(勸讀)이 아니라 권주(勸酒)가 될 뿐이다.

음독 音讀

音 소리 음
讀 읽을 독

글 따위를 소리 내어 읽음.

독서의 이름 021

　조선시대 학자 조익이 『삼경자음(三經字音)』에서 이미 오래전에 습관화되어 굳어진 속음(俗音)과 자료를 통해 검증한 정확하고 바른 정음(正音)을 비교하면서, 음독의 중요성을 이야기했다. '**예로부터 서책을 해석할 때 음(音)과 훈(訓)을 병행하였으니, 옛사람들도 음독(音讀)을 작은 일이라 하여 소홀히 하지는 않았던 것이다. 물론 독서는 그 의미를 이해하고 연구하는 데 힘써야 하지만, 음독이라는 작은 일까지도 모두 바르게 해야만 극진하다고 할 수 있다.**'

　지금은 '음독'이나 '훈독'이 한자 공부 분야에서 자주 등장하는 용어가 되었지만, 옛날부터 있어왔던 중요한 독서법 중 하나였다. '음독(音讀)'은 책 읽을 때 정확한 소리를 알고 바르게 소리를 내야 한다는 가르침을 담은 독서법이다. 애매하게 읽거나, 건너뛰면서 읽거나, 엉뚱하게 읽거나, 뒤섞어 읽거나, 대충 얼버무려서는 정밀한 독서가 이루어질 수 없다. 글자의 음과 내용이 서로 어긋나지 않고 바를 때 이해도 하고, 감상도 하고, 외우기도 하고, 다른 곳에 활용하기도 한다. 읽는 소리에 착오가 생기면 그 위에 무얼 쌓아도 위태롭고 무의미하게 된다.

훈독 訓讀

訓 가르칠 훈
讀 읽을 독

한자의 뜻을 새겨서 읽음.

독서의 이름 022

한자어는 현대에도 우리말에서 높은 비중을 차지하고 있다. 따라서 한자의 뜻을 새겨읽는 '훈독(訓讀)'은 요즘의 독서에서도 요긴하고 중요하다. '훈(訓)'은 물[川, 내 천] 흐르듯 자연스럽고 조리 있는 말[言, 말씀 언]로 가르친다는 뜻이다. '훈독(訓讀)', 글자의 뜻을 새겨 물 흐르듯 읽으려면 스스로를 가르치고 납득시키고 설득시켜야 한다.

모르는 글자나 의심스러운 일이 있으면 즉시 살펴 점검하라. 사전을 찾아보면 글자의 다양한 쓰임을 알 수 있고, 백과사전을 뒤져보면 관련 내용의 앞뒤 맥락을 알 수 있다. 사전은 말의 사연들이 모여 사는 곳이다. 독서가 자연스럽게 무르익으려면 사전을 가까이해야 한다. 책을 읽다가 모르는 게 나오면 사전을 찾아보는 정성이 필요하다. 모르는 글자, 단어, 일화가 생겼다는 것은 무언가 새로운 것을 알아갈 실마리를 갖게 되었다는 고마운 신호다. 그 누구도 글자의 뜻을 바르게 새기고 숙지하지 않고서는 제대로 독서할 수 없다. 글자를 모르면서 책을 읽을 수는 없다. 사전을 읽어야 독서할 수 있는 기본 언어 능력이 생긴다. 자유자재로 사용할 수 있는 언어가 장착되지 않은 채 무조건 읽는 무모한 독서는 무익하고 무료하다. 사전을 멀리하면 독서와도 멀어진다.

배독 拜讀

拜 절 배
讀 읽을 독

남의 글을 존경하는 마음으로 공손히 읽음.

독서의 이름 023

'배(拜)'는 손[手, 손 수]을 모아 공손하게 절을 하는 모양을 나타낸다. 절을 올리는 마음으로 책을 읽는다는 것은 귀한 글을 읽게 되어 영광이라는 뜻이다. '배독(拜讀)'은 존경과 공경을 담은 독서법이다. 공손하게 절을 올린다는 것은 무조건 나를 비굴하게 낮추는 것이 아니라 예의를 갖추고 매너를 갖추는 모습이다.

책은 내가 들을 준비가 되어 있지 않으면 아무것도 깨우쳐주지 않고, 알고 싶어서 애태우지 않으면 아무 말도 해주지 않는다. 내가 받아들일 준비가 되어 있어야 제대로 읽을 수 있다. 오랫동안 기다렸던 순간, 늘 꿈꾸며 그려왔던 순간을 조우하느냐 마느냐는 나의 자세와 태도에 달렸다. 배를 깔고 누워서 어디 한번 읽을만한 소릴 하는지 좀 보자는 시건방진 태도로 책을 대하고 있는 것은 아닌지 생각해보게 된다.

회독 會讀

會 모일 회
讀 읽을 독

여러 사람이 모여 책을 읽고 그 내용을 연구하고 토론함.

독서의 이름 024

'회(會)'는 모여서[合, 합할 합] 소소한[小, 작을 소] 이야기[曰, 가로 왈]를 나누는 것이다. 독서라고 하면 아날로그적 감성의 고독한 취미로 생각하기 쉽지만 이토록 정보 공유와 네트워크에 진심인 분야도 없다. 여러 사람이 모여 책을 읽고 토론하는 독서회에 참여하는 것은 혼자 읽는 독서와는 다른 맛이 있다. 혼자라면 하지 못할 온갖 경험과 건강한 자극들은 함께이기에 가능한 경우가 많다. 같은 책을 읽지만 다양한 사람이 모이면 다양한 반응과 의견을 목격할 수 있다.

다른 사람들과 부대끼며 크고 작은 이야기를 나누다 보면 그동안 보지 못했던 것을 보게 되고, 그동안 보지 못했던 것을 보게 되면 그동안 느끼지 못했던 것을 느끼게 된다. 그동안 느끼지 못하던 것을 느끼게 되면 비로소 그동안 읽지 못했던 것을 읽게 된다. 그동안 접하지 못했던 새롭고도 낯선 상황이 나와 내 시야를 새롭게 단련시키고 훈련시킨다. 그렇게 다른 사람들의 감성과 경험은 내 독서의 훌륭한 스승이 된다.

정독 精讀

精 정할 정
讀 읽을 독

뜻을 새겨가며 자세히 읽음.

독서의 이름 025

　북송(北宋)의 문신 조보는 평생 『논어』만을 정독했다고 한다. 태종이 조보를 재상으로 삼고자 할 때 사람들은 그의 독서가 부족하다며 헐뜯었다. 세상 물정에 어두운 고리타분한 선비로 오직 『논어』에만 능할 뿐이라고 조롱했다. 그 말을 들은 조보는 "**신(臣)은 글을 잘 모르고 다만 『논어』를 읽는 것에만 능할 뿐입니다. 하오나 태조를 보좌하여 천하를 평정함에는 겨우 『논어』 반부(半部)만을 실행에 옮겨 성사시킬 수 있었습니다. 아직 나머지 반부가 더 남았으니 이것으로 폐하를 충분히 보필할 수 있습니다.**"라고 항변했다. 그가 벼슬자리에 있던 때에는 물이 흐르는 것처럼 모든 일을 훌륭하게 처리했다고 한다.

　한 권의 책만 자세히 정성껏 읽어도 복잡하고 어려운 나랏일을 잘 처리할 수 있다. 많이 읽고 많이 안다고 쉽게 자랑하는 사람들은 책 한 권을 제대로 '정독(精讀)'하는 것이 과연 어떤 의미인지 상상이나 할 수 있을까?

미독 味讀

味 맛 미
讀 읽을 독

내용을 충분히 음미하면서 읽음.

독서의 이름 026

'미(味)'는 입[口, 입 구]으로 미묘한 맛의 차이를 느끼고 음미하는 것이다. 책을 대충 보고 대충 읽어서는 그 맛을 제대로 알 수 없다. '미독(味讀)'은 책을 읽을 때마다 아직 맛보지 못한 맛, 이미 알고 있지만 또 먹고 싶은 맛, 맛있다고 소문이 자자해서 정말 그런지 궁금한 맛, 두고두고 아껴 먹고 싶은 맛을 기대하고 확인하는 작업이다.

책을 맛본다는 것은 한 글자, 한 단어, 한 문장을 천천히 오래오래 곱씹으며 책을 읽는 사람만이 닿을 수 있는 특별한 영역이다. '미독(味讀)'은 독서를 통해 어떤 성취를 얻는 것이 아니라, 독서 자체가 자아내는 순수하고도 원초적인 기쁨을 만끽하는 것을 의미한다. '미독(味讀)'은 새로운 책 맛보기를 두려워하지 않고, 재밌는 책 맛보기를 미루지 않는 열정적인 독서법이다.

해독 解讀

解 풀 해
讀 읽을 독

어려운 문구 따위를 읽어 이해하거나 해석함.

독서의 이름 027

'해(解)'는 예리한 칼[刀, 칼 도]로 소[牛, 소 우]의 크고 딱딱한 뿔[角, 뿔 각]을 발라내는 것이다. 딱딱하고 어려운 책을 읽다 보면 암호 해독을 하는 것처럼 답답하고 갑갑한 상황을 맞닥뜨리게 된다. 난해한 책을 읽다 보면 도대체 무슨 말인지 몰라 가슴에 떡 한 덩어리가 꽉 막힌 것 같은 기분을 느끼게 된다. '해독(解讀)'은 책의 내용을 해부해서 그 내부 구조와 각 부분의 관련성을 조사하며 읽는 것이다. 커다란 덩어리를 작은 조각으로 잘라 해체하고, 딱딱하게 굳어 박혀 있는 것을 도려내고 풀어내어 읽는 독서법이다.

그 어떤 고충도 없이 쉽고 부드러운 책만 읽어서는 독서 실력이 나아질 수 없다. 곰곰이 생각하고 끙끙대면서 앞뒤를 유추하고 후벼 파고, 뚫어보고, 갈라보고, 찢어보고, 끊어보고, 비교하고, 잘라내고, 잇대어보면서 읽는 독서가 나를 전진하게 한다.

속독 速讀

速 빠를 속
讀 읽을 독

책 따위를 빠른 속도로 읽음.

독서의 이름 028

'속(速)'은 꽁꽁 묶어[束, 묶을 속] 단단히 채비하는 모습이다. 길을 떠날 때 빨리 가고 멀리 가려면 준비를 야무지게 해야 한다. 가방끈을 단단히 동여매고, 신발 끈을 단단히 묶어야 신속 정확하게 움직일 수 있다.

속독은 '빨리'뿐 아니라 '읽다'도 중요하다. 무조건 빠르기만 하고 제대로 읽지 못했다면 아무 소용이 없다. 빨리 읽으려면 미리미리 제대로 읽는 법을 단단히 익혀두어야 한다. '속독(速讀)'은 급할 때 속도를 내도 큰 문제가 없도록 비상시에 쓰는 능력이지, 아무 때나 꺼내 쓰면 안 된다. 상황에 치여 조급해지지 않도록 미리 계획하고 예측하는 것이 더 좋지만, 속도를 조절해야 한다면 능력 발휘를 할 수 있어야 한다. 속도를 조절하는 것은 나의 속도를 잘 알고 있어야 가능한 일이다. 내가 과연 하루에 몇 글자나 읽을 수 있는 사람인지, 한 해에 몇 권이나 읽을 수 있는 사람인지 철저하게 관찰하고 파악하고 있어야 한다. 그래야 빨라야 할 때 빠르게 할 수 있다. 자신의 속도나 역량도 모르고 무조건 빨리빨리만 외쳐봐야 금세 기진맥진해져서 열심을 낼수록 독서는 더 느리고 형편없어진다.

세독 細讀

細 가늘 세
讀 읽을 독

글의 내용을 자세하게 읽음.

독서의 이름 029

    자세히 읽는 것은 모든 것에 마음을 두는 것과는 다르다. 글자 하나하나마다 감격하고 문장부호 하나하나마다 울컥해서는 오히려 자세히 살필 수 없다. 평온하고 공정한 마음을 유지해야 한다. 책은 소중하고 중요하지만 모든 부분이 훌륭하고 걸출한 것은 아니다. 어느 곳이 구멍인지 살피는 것도 세독(細讀)의 덕목이다. 세세히 살피는 것은 큰 근육이 필요한 대범한 일이다. 오래도록 한결같은 자세와 태도를 견지해야 하는 끈질긴 일이기 때문이다.

    대범하고 끈질긴 세독은 조용함과 평안함 속에서 이루어질 수 있다. 그러기 위해서는 섬세한 사전 준비가 필요하다. 창문을 열어 환기를 시키고, 은은한 향을 품은 비누로 손을 씻고, 알맞은 조도의 불을 켜고, 옷깃을 여민다. 고요하고 깨끗한 마음으로 책상 앞에 앉아 묵묵히 책 속으로 침잠해 들어간다. 같고 다름을 검토하고 음과 뜻을 찬찬히 살핀다. 모르는 부분이 있으면 그냥 지나치지 않고 되풀이해서 확인하고 익힌다. 얼마간의 글자와 씨름을 하고, 얼마간의 줄글을 묶거나 끊고, 각주와 미주까지 꼼꼼히 점검한다. 평온한 얼굴과 너그러운 마음으로 세독에 임한다.

배독 配讀

配 짝 배
讀 읽을 독

짝지어 읽음.

독서의 이름 030

　조선시대 학자 허균이 『서헌』이라는 책을 소개하면서 '배(配)' 즉, 짝지어 읽기에 대해 설명했다. 책을 읽을 때 서로 보완할 수 있는 다른 책을 곁들여 읽으라고 조언했다. '짧은 책을 읽을 때는 빨리 끝나는 것을 아쉬워하고, 긴 책을 읽을 때는 빨리 끝나지 않는 것을 괴로워한다. (중략) 서책을 읽을 적마다 반드시 다른 것을 곁들여 읽어 한쪽으로 치우치는 고통과 비희분쾌(悲喜憤快 슬픔, 기쁨, 분노, 쾌감)한 마음을 조절하여 제각기 적절한 곳으로 돌아가도록 해야 한다. 이렇게 하면 읽기를 그만두고 탄식하거나 책을 덮고 실소하는 일이 없으니, 이것이 곧 배(配)의 본디 뜻이다.'

　책에도 서로 잘 어울리는 천생연분 배필(配匹)이 있다. 부족한 점은 보완하고 지나친 점은 상쇄시키며 책을 짝지어 읽는 것은 새로운 독서 경험이 된다. 딱딱하고 메마른 책 속을 헤매다가 부드럽고 따뜻한 책으로 받는 위로가 크고, 두껍고 무거운 책을 읽는 틈틈이 가볍고 유쾌한 책을 맛보는 재미도 쏠쏠하다. 생각해보면 우리가 살아가면서 좋은 짝을 만나는 일은 크나큰 행운이고 행복이다. 좋은 짝[配]을 찾아 책을 읽는다면 좀 더 즐겁게 오래오래 독서생활을 이어갈 수 있을 것이다.

송독 誦讀

誦 외울 송
讀 읽을 독

외워서 글을 읽음.

독서의 이름 031

'송(誦)'은 '읊다, 외우다, 암송하다'의 뜻도 있지만, '풍악에 맞춰 노래하다'의 뜻도 가진 글자다. 옛사람들이 많은 시문이나 경전을 노래하듯이 리듬을 타며 암송한 것을 보면 둘 사이가 그리 멀지 않은 것 같기도 하다. '송(誦)'의 의미에서 가락을 타고 음률을 맞추는 '노래하다'에 마음이 쏠린다.

나에게도 썩 알맞은 때에 눈을 감고 좋아하는 노래를 부르듯, 조용히 욀 수 있는 시 한 편이 있었으면 좋겠다. 나에게도 썩 알맞은 곳에서 눈을 감고 좋아하는 노래를 부르듯, 입에서 술술 흘러나오는 책 한 구절이 있었으면 좋겠다. 독서는 힘들고 어렵고 지겨운 것이 아니라, 마음에 위안을 주는 노래처럼 가볍고 흥겹고 편안한 것이다. '송독(誦讀)'은 온종일 듣고 진종일 흥얼거리는 노래처럼 절로 나오는 익숙하고도 따뜻한 독서법이다.

필독 畢讀

畢 마칠 필
讀 읽을 독

책 읽기를 끝냄.

독서의 이름 032

　뛰어난 문장가인 구양수에게 글쓰기의 비결을 묻자, 다문다독 상량(多聞多讀多商量 많이 듣고, 많이 읽고, 많이 생각함)을 이야기했다. 그는 자신이 정한 독서량을 채우기 위해 '계자법(計字法)'을 이용했다. 계자법이란 읽어야 할 책의 글자 수를 헤아려 날마다 몇 글자씩 익히면 독서를 끝마칠 수 있는지 계산하는 독서법이다. 『효경』은 1,903자, 『논어』는 11,705자, 『맹자』는 34,685자, 『주역』은 24,107자, 『상서』는 25,700자, 『시전』은 39,234자, 『예기』는 99,010자, 『주례』는 45,806자, 『춘추좌전』은 196,845자다. 그의 계산에 따르면 보통의 능력을 가진 사람은 하루에 300자씩 외워 4년 반이면 끝마칠[畢] 수 있고, 그보다 능력이 부족한 사람은 하루에 150자씩 외워 9년이면 끝마칠[畢] 수 있다고 했다.

　'필독(畢讀)'은 계산적이다. 계산적 독서란 우리가 인식하는 책이라는 사물이나 독서라는 직능을 수치화할 수 있다는 굳건한 믿음이다. 계산이 서야 결심이 서고, 시작을 해야 끝을 본다.

암독 暗讀

暗 어두울 암
讀 읽을 독

책을 보고 읽는 것이 아니라 외워서 읽음.

독서의 이름 033

　'암독(暗讀)'은 책을 외워서 읽는 독서법이다. 아무것도 보이지 않는 어둠[暗, 어두울 암] 속에서 친숙한 소리[音, 소리 음]가 들린다면 한 줄기 빛[日, 날 일]을 만난 것처럼 반가울 수밖에 없다. 눈앞이 캄캄할 때 가슴 속에 저장된 글귀를 조용히 읊는 나의 목소리가 들려온다면 얼마나 반갑고 고마울까. 암독은 때로 암울한 시간을 견뎌야 할 나를 위한 훌륭한 대비책이 된다. 짙은 어둠을 헤쳐 나갈 힘을 주는 것은 내가 늘 암기하고 암송하던 글귀가 될 것이기 때문이다.

　미리미리 책을 외우고 기억해두어야 필요한 순간에 꺼내어 쓸 수 있다. 지금까지 책을 읽을 때마다 늘 즐겁고 뿌듯했다면 너무 상냥한 독서만 한 것이다. 외우고 또 외우느라 고통스럽고 고생스러운 독서, 암담하고 막막한 독서 구간도 지나야만 진짜 독서에 다다를 수 있다.

완독 玩讀

玩 희롱할 완
讀 읽을 독

글의 뜻을 깊이 생각하면서 읽음.

독서의 이름 034

'완(玩)'은 아름다운 구슬[玉, 구슬 옥] 보배를 손안에 쥐고 만지작거리며 노는 모습이다. 어린아이는 자기가 좋아하는 완구(玩具), 장난감만 있으면 절대 지치지 않고 결코 질리지 않고 몇 날 며칠을 놀 수 있다. 놀이는 억지로 애쓰지 않아도 최고의 집중력을 발휘하여 완벽한 즐거움을 누리는 것이다. 놀이가 아니라면 그 무엇도 평생을 즐겁게 이어갈 수 없다. 아무리 훌륭하고 좋은 것도 무거운 책무이고 지겨운 숙제이고 커다란 짐이기만 해서는 아주 잠시도 진정으로 그 안에 빠져들 수 없다.

바라만 봐도 좋은 것, 만지고 또 만져도 계속 만지고 싶은 것, 보고 또 봐도 또 보고 싶은 것, 한시도 손에서 내려놓기 싫은 것이 책일 때 글의 뜻을 깊이 생각하는 '완독(玩讀)'에 도달할 수 있다. 독서란 책과 함께 깊이깊이 몰입하는 즐거움이다.

적독 積讀

積 쌓을 적
讀 읽을 독

책을 읽지 아니하고 쌓아두기만 함을 놀림조로 이르는 말.

독서의 이름 035

 '적(積)'은 부채, 빚[責, 빚 채]이 차곡차곡 쌓인 모습이다. 책을 읽지 않고 쌓아두기만 하면 마음을 짓누르는 무거운 빚이 된다. 그 부채감으로 독서는 점점 더 멀어지고 어색해진다. 한꺼번에 일시불로 다 갚지는 못해도 틈날 때마다 빚을 갚아나가야 한다. 모른 척 내버려두면 엄청나게 불어나 나중에는 감당할 수 없는 지경에 이르게 된다.
 책을 수집하는 것과 책을 읽는 것은 다르다. 수집가의 미덕은 읽는 것이 아니라 가능한 한 많이 모으고 처음 모습 그대로 잘 보관하는 것이다. 되도록이면 표지도 펼쳐보지 말고 고스란히 잘 보존하는 편을 선호한다. 읽는 것이 아니라 쌓아두고 모셔두는 것이 더 만족감을 주기 때문이다. 책을 쌓아두는 것만으로도 마음이 흡족하다면 그렇게 하면 된다. 하지만 책 안에 더 좋은 보물이 더 많이 들었다는 것을 알려주고 싶은 안타까움에서 나오는 탄식이 '적독(積讀)'이라는 말을 낳았다.

범독 泛讀

泛 뜰 범
讀 읽을 독

정신을 기울이지 않고 글을 데면데면하게 읽음.

독서의 이름 036

'범(泛)'은 결핍되고 모자라서[乏. 모자랄 핍] 들뜬 것을 뜻한다. '범독(泛讀)'은 주의력이 모자라고, 집중력이 모자라고, 생각이 모자라고, 정성이 모자란 독서다. 정신을 모아 꼼꼼하고 신중하게 책을 읽지 못하고 데면데면 범범하게 독서를 하는 것이다. 몸은 책상 앞에 있지만 마음은 딴 곳을 떠돌고 있다. 마음이 뜨면 틈이 생겨 그사이에 온갖 것들이 틈입한다.

『맹자』에는 바둑을 배우는 두 사람 이야기가 나온다. "바둑은 하찮은 기예지만 마음을 모으고 최선을 다하지 않으면 터득할 수 없다. (중략) 한 사람은 마음을 모아 최선을 다해 배우고, 다른 한 사람은 마음속에서 '기러기와 고니가 날아오면 활을 쏘아 맞혀야지.'라는 생각을 하고 있다면 비록 똑같이 배우더라도 실력이 똑같을 수 없다. 이것은 지혜의 차이인가? 그렇지 않다." 똑같이 바둑을 배우더라도 사람마다 실력 차이가 나는 것은 지혜의 차이가 아니라 들뜸의 차이다. 뜬생각은 배움과 독서에 해롭다. 책에 집중하지 못해 독서와 틈이 벌어져 서서히 멀어지면 독서도 나를 차차 외면하게 된다.

연독 連讀

連 잇닿을 련(연)
讀 읽을 독

연속하여 읽음.

독서의 이름 037

'연독(連讀)'은 끊이지 않고 계속 이어서 읽는 독서법이다. 연속극처럼 재미나고 즐겁고 궁금해서 밤과 낮을 이어서 읽고, 오늘과 내일을 이어서 읽고, 책과 책을 이어서 읽는다. 지금 읽는 책은 다음 읽을 책의 보물지도가 된다. 책을 읽다 보면 연이어서 읽고 연결해서 읽고 싶어지는 책이 생기기 마련이다. 다음에 이어질 이야기가 궁금하고 다음에 전개될 상황이 궁금해서 상권은 하권을 부르고, 1권은 2권을, 2권은 3권을 부르게 되어 있다.

맹자의 어머니가 자식 교육을 위해 세 번 이사를 갔다는 맹모삼천지교(孟母三遷之敎)와 짝이 되는 말이 '맹모단기지교(孟母斷機之敎)'다. 맹자가 공부하러 갔다가 도중에 돌아오자 어머니는 베틀에 연결된 실을 끊어 보였다. 중도에 그만두는 것은 짜고 있던 베의 날실을 끊어버리는 것과 같다는 가르침이다. 중간에 끊으면 그동안 쏟은 시간과 노력이 허무하고 무색해진다. 조금 느리고 더디게 가는 한이 있더라도 중단하지는 말자. 치밀하고 씩씩한 계획도 좋고, 오밀조밀한 목록도 좋고, 용기백배한 다짐도 좋지만, 독서에서 가장 필요한 것은 꾸준함이다. 계속하고 연속하고 지속하는 '연독(連讀)'을 꿈꾼다.

필독 *必讀*

必 반드시 필
讀 읽을 독

반드시 읽어야 함. 또는 반드시 읽음.

독서의 이름 038

'필독서(必讀書)'는 반드시 읽어야 하는 책, 꼭 한 번은 읽을 가치가 있는 책이다. 그런데 과연 누구에게 반드시 기필코 꼭 필요한 책일까? 고매하신 분이 꼽은 필독서도 중요하지만 나의 기준, 나의 선택으로 뽑은 필독서가 더 중요하다. 누군가 추천한 필독서의 목록은 그저 참고자료일 뿐이다. 조언과 추천은 참고용이다. 고맙고 감사하게 받아들여야 하지만 절대적인 것은 절대 아니다. 나의 상황과 감정과 조건이 더 중요하다.

독서는 내게 지금 필요하고 내가 지금 원하는 것이 무엇인지를 아는 힘을 기르기 위해서 하는 일이다. 남에게 의지하다 보면 나의 방식과 특색은 저 멀리 뒷전으로 밀려나 망각되고 만다. 나를 알고 나를 가꾸고 나를 사용할 방법을 찾는 것이 책 읽기인데, 나를 지우고 나를 무시하는 것은 순서가 많이 바뀐 왜곡된 독서법이다. 독서의 필요충분조건은 오직 나의 필요(必要)를 살피는 관심과 용기일 뿐이다.

낭독 朗讀

朗 밝을 낭(랑)
讀 읽을 독

글을 소리 내어 읽음.

독서의 이름 039

　'낭(朗)'은 달[月, 달 월]처럼 아름답고 어진[良, 어질 량] 모습이다. '낭독(朗讀)'은 입으로 소리를 내어 밝고 명랑하게 읽는 독서법이다. 들어도 들어도 싫증 나지 않는 소리, 세상에서 가장 듣기 좋은 소리는 책 읽는 소리가 아닐까? 낭랑(朗朗)하게 울리는 책 읽는 소리는 만병통치약이다. 조선시대 학자 이덕무는 책을 소리 내어 읽으면 밥을 먹지 않아도 배고프지 않고, 오히려 배가 부르면 소리가 답답하게 난다고 했다. 미칠 것 같이 화가 나고 우울한 심정을 스스로 책 읽는 소리로 다스렸고, 몸이 으슬으슬 춥고 기침이 날 것 같은 증상에도 소리 내어 책을 읽는 것이 좋다고 말했다.

　아침에 눈을 떴는데 어쩐지 모든 것이 내키지 않고 시큰둥하다면, 달도 없는 어두운 밤에 말할 수 없이 몸이 쳐지고 마음이 눅눅하다면, 자주 읽던 책 하나를 펼쳐 어제도 오늘도 수고한 자신에게 낭랑한 목소리로 읽어주자. 아름답고도 명랑한 책 읽는 소리는 차갑게 돌아선 세상 때문에 부서져버린 영혼에게 건네는 어질고도 따뜻한 위로가 되어준다.

삼독 三讀

三 석 삼
讀 읽을 독

세 번 읽음.

독서의 이름 040

제자 이함형이 『대학』을 읽고 질문을 하자, 퇴계 이황은 거울 닦는 이야기를 들려주었다. '비유하자면 본래 환한 거울에 두텁게 먼지가 앉고 때가 끼면 약으로 닦아내는데, 처음에는 힘을 한껏 들여 닦아내도 겨우 한 겹의 때가 벗겨지니 어찌 몹시 힘들지 않겠습니까. 그러나 두 번 세 번 계속 닦을수록 힘은 점점 적게 들고 거울의 환함도 때가 벗겨짐에 따라 점점 드러나는 것과 같습니다.'

처음에는 약을 써서 벗겨내야 할 만큼 묵은 때가 끼어 있어 닦기 힘들다. 한 번으로는 원래의 환한 모습을 되찾을 수 없다. 두 번째로 닦을 때는 처음보다 한결 수월하다. 좀 수월하고 좀 보이기에 여기에서 만족하고 머무는 사람도 많다. 하지만 세 번째까지 닦아야 거울 본연의 모습에 가까워진다. 책도 마찬가지다. 적어도 세 번은 읽어야 본래의 모습을 마주할 수 있다. 처음은 몹시 힘들고, 두 번째는 좀 수월하고, 세 번째는 환하게 볼 수 있다. 나에게도 겹겹이 쌓인 편견과 구태를 닦아내며 삼독(三讀)한 책이 있었나, 켜켜이 쌓인 무지와 나태를 벗겨내며 세 번 이상 읽은 책이 있었나, 자문하게 된다.

경독 耕讀

耕 밭 갈 경
讀 읽을 독

농사짓기와 글 읽기.

독서의 이름 041

 '경독(耕讀)'은 논밭을 경작하고 글을 읽는다는 뜻으로, 일을 하면서 틈틈이 책을 읽는다는 말이다. 독서는 벼슬이 아니고 면책특권이 아니다. 책만 붙들고 있느라 아무것도 하지 않는 것은 명백한 직무유기다. 독서는 내가 해야 할 일들을 해내면서 틈틈이 하는 것이다. 아침 운동을 하고, 원고를 쓰고, 미역국을 끓이고, 주간회의를 하고, 빨래를 널고, 메일에 답장을 쓰고, 화장실 거울을 닦고, 기획서를 제출하고, 병원에서 검진을 받고, 모임에 참석하는 사이사이에 하는 것이다.

 농사를 짓듯 글을 짓는 것이 나의 일이다. 논밭을 일구듯 글밭을 일구는 것이 나의 일이다. 밥을 짓고 글을 짓는 사이사이에도 독서를 하고, 일상을 매만지고 초고를 매만지는 사이사이에도 독서를 유지해야 한다. '경독(耕讀)'을 잘하기 위해서는 경(耕)과 독(讀)의 균형과 조화가 중요하다. 그래야 자신의 본분에 마음을 다할 수 있고, 그제야 한 글자라도 읽을 틈을 만들 수 있다. 책에만 푹 빠져 내 일과 내 주변을 돌보지 않는 것은 큰 잘못이고, 썩 멋지지도 않다.

교독 交讀

交 사귈 교
讀 읽을 독

글을 번갈아 읽음.

독서의 이름 042

'교독(交讀)'은 서로 번갈아 가며 읽는 것이다. 다른 사람과 함께하는 독서 경험은 책을 읽는 재미를 더하고 듣는 재미를 더한다. 서로 머리를 맞대고 마음을 모으고, 교대로 자신 몫의 책임을 다하면 즐거움이 더해진다. 주거니 받거니 섞이면서 서로 호흡이 척척 맞으면 기쁘고, 삐끗 어긋나면 당황스럽고 민망하다. 교독은 만감이 교차하고, 희비가 교차하는 독서다. 나의 밖과 만나고 섞이는 독서는 나밖에 없는 독서와는 또 다른 맛이 있다.

독서에 재미를 더하는 것은 해도 좋고 안 해도 상관없는 부차적인 것이 아니라 필수적인 것이다. 재미가 없으면 계속할 수 없고 지속할 수 없으면 실력이 나아지질 않기 때문이다. 혼자 하는 것이 힘들고 어려울 때면, 좀 가벼운 마음으로 좋은 사람들과 교류하고 교섭할 필요가 있다. 읽는 목소리가 섞이면 독서가 풍성하게 되고, 읽는 사람이 섞이면 독서가 다채로워진다. 섞이면 분위기가 바뀌고, 분위기가 바뀌면 독서에 힘이 실리고 생기가 돈다. '교독(交讀)'은 읽는 맛을 살리고 멋을 입히는 독서법이다.

합독 合讀

合 합할 합
讀 읽을 독

다른 책과 연관하여 함께 읽음.

독서의 이름 043

'합독(合讀)'은 연관이 있는 책을 모아서 함께 읽는 독서법이다. 관심 분야의 담론을 빠르게 흡수하고 정리하기 위해서는 간헐적이고 산발적인 독서보다는 하나의 주제를 둘러싼 여러 관점과 논의를 함께 읽어내는 합독이 유용하다.

사고의 외연을 넓히고 사유의 깊이를 더하려면 합독의 독서를 해야 한다. 개개의 관념, 개념, 판단을 결합시켜 새로운 것을 구상하고 구성하기 위해서는 관련한 책을 5~10권 정도 선정해서 한꺼번에 살펴보는 것이 효과적이다. 책은 트렌드에 민감하고 출판가는 늘 새로운 주제에 민첩하게 반응한다. 온·오프라인 서점을 정기적으로 방문해서, 나름의 분류로 책을 나누고 또 연계해서 책을 읽는 훈련이 필요하다.

시독 始讀

始 비로소 시
讀 읽을 독

책 읽기를 시작함.

독서의 이름 044

'시독(始讀)'은 책 읽기를 시작함을 뜻한다. 시작이 있어야 끝이 있다. 처음부터 욕심을 내지 말고 아기가 젖을 떼고 처음 밥을 먹기 시작하는 것처럼 조금씩 잘게 싱겁게 하지만 제때에 제대로 건강하게 읽기 시작해야 한다. 독서는 풍덩 빠지는 게 아니라 서서히 물드는 것에 가깝다.

하루의 시작을 책 읽기로 하는 것도 좋고, 한 해의 시작을 책 읽기로 하는 것도 멋지겠다. 시작의 시작이 책과 함께라면 시독을 시도하는 일도 그리 어색하지 않을 것이다. 책 면지에 책을 처음 읽은 날짜를 쓰고 한두 줄쯤 기억에 남는 구절을 함께 적어보는 것도 좋겠다. 이 책을 언제 처음 읽기 시작했는지, 몇 년 전에 읽었는지, 어떤 생각을 했었는지 알게 되는 좋은 습관이다. 독서의 처음을 기억하고 기록하고 추억하자. 나도 모르게 독서가 시들해질 때, 나도 모르게 사는 게 심드렁해질 때 처음의 나를 다시 꺼내어 읽어보자. 시간이 흘러 자연스럽게 내가 사랑하던 책이 아이의 첫 책이 되는 기적과 기쁨을 누려보자. 달콤 쌉싸름한 독서의 세계로 첫발을 들인 아이의 시작을 축하하고 축복해주자.

진독 眞讀

眞 참 진
讀 읽을 독

불교 경전을 차례대로 빼지 아니하고 다 읽음.

독서의 이름 045

'참 진(眞)'이란 무엇일까? 어렵고 거창하게 생각할 것 없다. 빼먹지 않고 차례대로 차근차근 다 하는 것이 바로 '참 진(眞)'이다. 서툰 처음과 용기백배한 중간과 흐지부지되기 쉬운 마지막 시간을 남김없이 다 보내고 맛보는 일이다. '진독(眞讀)'은 그 꼴을 다 지켜보고 그 과정과 단계를 빠짐없이 다 지켜 밟는 독서법이다.

독서란 책을 처음부터 끝까지 차례대로 빠짐없이 읽어내는 것 이상의 그 무엇이지만, 이 기본을 착실히 지키지 않고서는 진짜 독서에 다다를 수 없다. 참된 독서에 다가가는 것은 참으로 어렵다. 진리를 탐구하려면 진실한 성실함과 진득한 끈기가 필요하다. 진짜 독서와 마주하고 싶다면 함부로 단계를 뛰어넘는 무례를 범하지 않고, 책장을 마구 넘기는 허세를 범하지 않아야 한다. 독서마저 특별한 비법과 기막힌 효율에 잠식당해 버려서, 기본에 충실한 참된 독서가 진귀해져 버린 것이 오늘날의 풍경이 아닌가.

습독 習讀

習 익힐 습
讀 읽을 독

글을 익혀 읽음.

독서의 이름 046

'습(習)'은 새가 하늘 높이 날아오르기 위해 수없이 많은 날갯짓[羽. 깃 위]을 연습하는 모습이다. '습독(習讀)'은 좋은 표본과 견본을 얻어 글을 익히는 독서법이다. 고려시대 학자 이규보가 벗 전이지와 글에 대해 논의했다. '옛사람의 시를 본받으려는 자는 반드시 그 시를 습독(習讀)한 뒤에 본받아야 가능하다. 그렇지 않으면 표절도 어렵다. 도둑에게 비유하면, 먼저 부잣집의 문과 담의 위치를 눈에 익혀둔 뒤에야 남이 모르게 그 집에 들어가 남의 것을 훔쳐 자기 것으로 만들 수 있다. 그렇지 않으면 남의 주머니를 더듬고 상자를 열 때 반드시 잡힐 것이다.' 남의 글을 표절하고 도둑질하라는 것이 아니라, 몰래 도둑질을 하려고만 해도 그 구조와 구성을 관찰하고 기억하는 노력이 필요하다는 뜻이다. 그 이상을 하려면 그 이상의 노력과 집중력이 요구된다.

습독을 통해 언어의 감수성이 습득되고, 지식이 습득되고, 정서가 습득된다. 하지만 본받는 것과 표절은 다르다. 견본이 되는 책을 잘 읽고 익히는 것은 꼭 필요하지만 그대로 따라 하는 것은 경계해야 한다. 습독을 하는 이유는 자신만의 독서 방식을 구축하고 마침내 하늘을 훨훨 나는 것처럼 자유롭게 읽고, 쓰고, 말하기 위한 것이다.

갱독 更讀

更 다시 갱
讀 읽을 독

다시 읽음.

독서의 이름 047

'갱(更)'은 희미하고 어두운[日, 어두울 혼] 것을 다섯[乂, 다섯 오]번 다시 고쳐 보는 모습이다. '갱독(更讀)'은 읽고 또 읽고 또다시 읽는 독서법이다. 이젠 정말 안 되겠다고 주저앉고 싶을 때 다시 한번 더 도전하는 것, 이쯤이면 남들만큼은 했다고 느낄 때 다시 한번 더 마음을 다잡는 것, 이제 이만하면 되었다고 생각될 때 다시 한번 더 시작점에 서는 것이다.

정조는 원자가 이미 『소학』을 읽었는데도 다시 강독하도록 명하면서 "내가 어려서 『소학』 공부를 마치고 다른 책을 읽으려 할 때 선왕께서 '옛날에는 소학동자라는 말까지 있었으니 여러 번 읽는 것이 좋다.'고 하교하셨다. 다 읽고 나면 또 갱독(更讀)하도록 명하신 것이 다섯 차례나 되었으니, 그것이 심신에 보탬이 된 것이 참으로 적지 않았다."라고 말했다. 갱독은 어지간히 끝나간다고 생각한 곳에서 다시 읽기를 시작해 어휘력을 다지고, 실력을 다지고, 결심을 다지고, 다짐을 다지고, 독서를 다지는 일이다.

재독 再讀

再 두 재
讀 읽을 독

이미 읽었던 것을 다시 읽음.

독서의 이름 048

    이미 읽은 것을 다시 읽는 '재독(再讀)'은 '내가 전에 읽었을 때'와 비교해볼 수 있는 매력이 있다. 내 마음속과 머릿속에 있는 기억과 대비시키고 정리하고 분석하며 읽는 독서법이다. 그런데 이렇게 하려면 미리 책을 읽어두어야 한다.

    다시 만난 책은 그 내용을 모르지 않지만 새삼스럽고, 그 결말을 모르지 않지만 낯설게 느껴진다. 처음 읽는 책에서는 느낄 수 없는 구수한 신선함, 구면인 사이에서만 흐르는 친근한 신비감이 독서에 생기를 더하고 활력을 더한다. 좋아하는 것과의 반가운 재회, 두 번째 만남은 처음의 서먹함은 덜고 조금 더 따스하고 친절하게 서로를 반길 수 있게 한다. 두 번째의 만남은 자연스럽게 세 번째의 만남을 부르고 세 번째의 기쁨은 또 다음을 기대하고 약속하게 만든다. '한 번 더'의 힘은 결코 작지 않다.

목독 目讀

目 눈 목
讀 읽을 독

눈으로 읽는다는 뜻으로, 소리 없이 읽음을 이르는 말.

독서의 이름 049

　'목(目)'은 눈동자의 모양을 나타낸다. '목독(目讀)'은 소리를 내지 않고 눈동자로 글을 따라가며 읽는 독서법이다. 눈으로 하는 일이 너무 많다. 노트북과 핸드폰과 텔레비전과 내비게이션… 기타 등등 아침에 눈을 뜰 때부터 밤에 눈을 감을 때까지 눈이 하는 일이 너무나 많다. 나이가 들고 시간이 많이 생기면 독서나 해야지 생각했다면 큰 오산이다. 나 같은 경우는 젊어서는 근시에 난시로 고생했던 눈에 노안까지 더해지면서 책을 보는 일이 중노동에 가깝게 되었다. 눈을 그리 아끼지 않았던 젊은 날을 반성한다. 어려서부터 안경을 썼기에 눈이 나쁜 것에 심드렁해 있었다. 반쯤 포기해버린 채 눈에 대해서는 무심하고 무지했다. 그때라도 눈 건강에 신경을 쓰고 마음을 쏟아야 했다.

　눈을 아끼자. 마음껏 책을 보고 싶으면 눈을 아껴야 한다. 잠자리에 들면 핸드폰을 멀리하고, 조금이라도 눈이 피곤한 날이면 눈 마사지와 눈 운동을 해주자. 당근도 먹고, 블루베리도 먹고, 결명자차도 챙겨 먹어보자. 좋은 안과와 안경점도 자주 다니며 상담을 받아보자. 짬이 나면 자질구레한 일을 처리하는 대신 눈을 감아 눈을 쉬게 하고, 아침에 일어나면 세수를 하듯 안경을 구석구석 정성껏 닦자. 눈을 아끼는 것이 독서를 아끼는 일이고, 눈을 지키는 것이 독서를 지키는 일이다.

풍독 諷讀

諷 외울 풍
讀 읽을 독

책을 외어 읽음.

독서의 이름 050

　조선시대 학자 임성주는 세자의 공부를 돕는 동생 임정주에게 경전을 해설하는 자리는 너무나 중요하니, 한 치의 오차도 없도록 철저히 점검할 것을 강조했다. 달아난 마음을 찾는다는 '구방심(求放心)'의 뜻을 세자에게 설명해야 한다면, 그 전에 『맹자』의 해당 부분을 잘 읽어보라고 했다. **'시험 삼아 『맹자』의 '구방심' 부분을 마음을 비우고서 서너 차례 풍독(諷讀)해보라. 그러면 『주자어류』의 설이 『맹자』의 본뜻과 제대로 들어맞기 때문에 사람으로 하여금 몸과 마음에 스며들어 말하지 않아도 깨닫게 하는 묘미가 있음을 알 수 있다.'**

　'풍독(諷讀)'은 책을 외어 음미하는 것이다. 풍독은 열심히 외우는 행동이 아니라 이미 내 안에 있는 것을 추적하고 점검하는 일이다. 풍독을 하려면 그 전에 미리 책을 잘 외워두어야 한다. 어떻게 읽으면 책 한 권이 통째로 머리에 들어오고, 마음에 자리하고, 그렇게 내 것이 되는 걸까. 얼마나 반복해야 책 한 권을 외울 수 있고, 얼마나 간절해야 책 한 권이 외워지는 걸까. 책을 읽으려면 반복할 수 있는 성실함과 성실할 수 있는 간절함이 필요하다. 그리고 이미 외운 책을 또 읽는 집요함이 필요하다. 지금껏 나는 몸과 마음에 스며들어 말하지 않아도 저절로 깨달을 정도로 책을 읽은 적이 있나. 지금껏 나는 책 한 권을 읽은 적이 있던가?

복독 復讀

復 회복할 복
讀 읽을 독

글을 되풀이하여 읽음.

독서의 이름 051

바둑을 두고 난 후 면밀히 분석하기 위해 두었던 대로 다시 처음부터 놓아보는 것을 '복기(復棋)'라고 한다. 처음부터 다시 차근차근 그대로 해보면서 판세를 읽고 관찰하는 작업이다. 독서도 한 번 읽고 난 후 다시 처음부터 읽고 파악하는 시간이 중요하다. 이 과정을 밟아야 앞으로 나아갈 수 있다.

'복(復)'은 돌아가고, 회복하고, 복습하는 것이다. 전에 읽던 책을 다시 읽으면 많은 생각이 다시 나를 채우는 것을 느낄 수 있다. 나의 변화에 따라 나의 독서 또한 그 모습이 변하기 때문이다. 끝냈다가 다시 시작하는 독서, 멈췄다가 다시 시작하는 독서, 읽고 또 읽는 독서가 나의 독서를 성장시키고, 나를 성장시킨다. 독서란 쉽게 끝낼 수도 쉽게 포기할 수도 없기에 완성형이 아니라 언제나 진행형이다. 새로운 책을 찾아 읽는 독서도 좋지만 읽었던 책을 되풀이해서 읽는 독서도 꼭 필요하다.

비독 飛讀

飛 날 비
讀 읽을 독

여기저기 빼놓고 넘어가면서 띄엄띄엄 읽음.

독서의 이름 052

'비독(飛讀)'은 착실히 걸어가는 것이 아닌 여기저기 빠뜨리며 날아가듯 책을 읽어치우는 것이다. 빨리 결과를 내고 싶은 성급한 마음, 서둘러 끝장을 보고 싶은 조급한 마음이 띄엄띄엄 책을 읽게 만든다. 하지만 빨리 가면 놓치는 부분이 꼭 생긴다.

괄목상대해진 누군가의 비약적인 발전을 보면 담담하지도 덤덤하지도 못하게 된다. 나만 지리멸렬하고 지지부진하게 제자리에 맴도는 것 같아 마음이 바빠진다. 책을 붙들고 안달복달하고 애면글면하다가, 빨리 따라가고 싶다는 열망에 비독(飛讀)에 빠진다. 하지만 '비독(飛讀)'은 '비독(非讀)'이다. 진짜 날아오르고 싶다면 연습과 반복을 견뎌내고, 순서와 단계를 무던히 견뎌야 한다. 하늘을 나는 새처럼 거침없이 자유자재로 읽고 싶다면 '여조삭비(如鳥數飛)', 새처럼 수없이 많이 날갯짓하는 연습 과정을 밟아야 한다.

탐독 耽讀

耽 즐길 탐
讀 읽을 독

어떤 글이나 책 따위를 열중하여 읽음.

독서의 이름 053

 '탐독(耽讀)'은 책을 특별히 즐겨서 골똘히 읽는 독서법이다. 다른 일을 잊어버릴 정도로 독서에 몰두하고 몰입한 모습이다. 옛날 우리 집에는 우등생인 오빠를 위해 부모님이 큰맘 먹고 구입한 세계문학전집과 한국현대문학선집이 있었다. 나는 시험기간에는 생라면을, 명절에는 할머니가 만들어주신 쌀강정을 옆구리에 끼고, 내 것이 아니었기에 더욱 매혹적인 그 책들을 몰래몰래 차례차례 먹어치웠다. 아는 것보다 모르는 것이 더 많았지만 갑옷처럼 두꺼운 표지를 열고 들어간 책 속 세계는 늘 안타깝고 애틋하고 황홀했다.

 '탐하다'는 것은 내 몫이 아닌 것을 감히 넘보는 일이다. 그 갈증과 허기짐이 독서의 에너지가 되기도 한다. 식욕, 색욕, 재물욕, 명예욕 등 인간의 욕망과 욕구는 끝이 없지만, 호시탐탐(虎視眈眈) 책을 탐하는 것이 가장 아름다운 욕심이 아닐까. 앞으로도 오래오래 나의 마음을 사로잡는 책, 끌리는 책, 저절로 밤을 지새우게 만드는 책과 함께하는 호화로운 독서생활을 탐내본다.

열독 熱讀

熱 더울 열
讀 읽을 독

책이나 글 따위를 열심히 읽음.

독서의 이름 054

'열(熱)'은 잡을 집(執)과 불 화(火)로 구성된 글자로 무언가를 향한 불타오르는 집념에 찬 모습이다. 열혈(熱血), 열망(熱望), 열애(熱愛), 열변(熱辯)… 열을 내고 열을 받으면 사람의 머리와 가슴이 뜨거워지고 더 깊이 몰입하고 더 짙게 감동한다. 책과 함께하는 열독의 순간, 열정의 순간, 격정의 순간을 경험하는 것 또한 축복이고 기쁨이다. 그 순간의 감동을 잊지 못해 늘 책 주변을 서성이게 된다. 푸른 청춘을 충동질하는 새빨간 열정의 독서를 열렬히 응원한다.

다만, 빨리 데워진 방이 빨리 식는다는 말이 있다. 너무 뜨거워서 상처를 받거나 너무 차가워서 냉대를 받는 독서는 위험하다. 한때는 젊음을 불사르는 열광적인 독서를 갈망하고 열망한 적도 있었다. 하지만 이제 머리가 희끗해지니 너무 뜨겁지도 너무 차갑지도 않은 미지근한 독서를 열원하게 된다. 일상 속에 스미고 삶 속에 녹아 있는 은은하지만 끈질긴 독서, 고요하지만 끈덕진 독서도 좋다.

열독 閱讀

閱 볼 열
讀 읽을 독

책이나 문서 따위를 죽 훑어 읽음.

독서의 이름 055

 '열독(閱讀)'은 책을 가벼운 마음으로 즐겁게[兑, 기뻐할 열] 죽 훑어 읽는 독서법이다. 문(門, 문 문)을 열 듯 책을 열어 안에 무엇이 얼마나 어떻게 들었는지 대략적으로 확인하고 점검하는 독서다.

 조선시대 학자 이식은 자신보다 총명한 사람들이 독서에 어려움을 겪는 이유는 오직 합격을 위해 지나치게 열심히 책을 읽기 때문이라며, 과거시험을 염두에 두지 않고 읽는 것 자체에 재미를 느끼는 자신만의 독서법을 소개했다. '**책을 열독(閱讀)할 때, 경(經)의 경우에는 대략 그 의리를 탐구한 다음 나에게 적용해보고, 사(史)의 경우에는 대략 그 득실 관계를 따져본 다음 오늘날의 세상에 비추어보고, 운문이나 산문의 경우에는 대략 그 의의를 본떠서 나의 입으로 표현해보려고 하였다. 이 방법으로 독서하면 읽는 재미도 있고 오래도록 기억할 수 있다.**' 시험에 붙고, 선생님께 칭찬받고, 사람들 앞에서 발표할 생각으로 몸과 마음이 굳어 있으면 오히려 두려움과 막막함만 앞선다. 지나친 긴장과 불안에 잠식되지 않으려면, 차라리 죽 훑어 읽는 독서법이 더 요긴하다.

반독 伴讀

伴 짝 반
讀 읽을 독

남과 더불어 함께 글을 읽는 일. 또는 그리하는 사람.

독서의 이름 056

'반(伴)'은 어떤 일을 함께하는 나의 반쪽[半, 반 반]인 사람[人, 사람 인]을 말한다. '반독(伴讀)'은 다른 사람과 짝을 맞춰 더불어 책을 읽는 독서법이다. 어떤 일이든 혼자서 할 수 있는 것에는 한계가 있다. 서로 받아주고 받쳐줄 반쪽이 필요하다. 쓸고 또 쓸어도 어김없이 쌓이고 또 쌓이는 눈처럼, 돌아서면 소복소복 쌓이는 읽어야 할 책과 읽고 싶은 책들 속에서 독서 짝꿍은 서로를 도와주는 좋은 동료가 된다.

같이 책을 읽을 나의 반쪽을 찾는 일은 너무나 소중하다. 나 역시 누군가에게 함께 독서하고 싶은 좋은 반쪽이 되어야만 한다. 곧으면서도 온화하고, 너그러우면서도 씩씩하고, 강하면서도 모질지 않고, 대범하면서도 오만하지 않은, 반듯하면서도 반가운 책동무가 되어야 한다.

병독 竝讀

竝 나란히 병
讀 읽을 독

아울러 읽음.

독서의 이름 057

'병(竝)'은 땅 위에 여럿이 서[立. 설 립] 있는 모습이다. 나란히 서서 서로 견주어보고, 어떤 차이가 있는지 비교해보는 것이다. 조선시대 학자 신익성이 동생 신익전에게 글쓰기에 대해 조언했다. 좋은 글을 쓰기 위해서는 여러 문인들의 책을 아울러 읽어야 한다고 했다. '**명나라의 문인 이몽양, 하경명, 이반룡, 왕도곤, 왕세정의 글은 언뜻 보면 마음과 눈을 놀라게 한다. 하지만 천천히 살펴보면 익숙한 음식을 늘어놓은 듯 물리기 쉽다. 다섯 사람의 글을 당송 제가의 글과 병독(竝讀)한다면, 안목이 있는 사람은 반드시 분별할 수 있을 것이다.**'

'병독(竝讀)'은 책 한 권을 읽는 것이 아니라 여러 책을 아울러 읽는 독서법이다. 한 권의 책을 진득하게 집중해서 보아야 할 때가 있고 이것과 저것을 옮겨가며 여러 권의 책을 한꺼번에 읽어야 할 때가 있다. 하나를 읽는 것도 힘든데 여러 책을 함께 읽는 것은 더 많은 노력과 에너지를 쓰게 한다. 하지만 그렇게 해서 얻어지는 성과는 크고 보람차다. 책과 책을 나란히 병렬로 연결하는 독서는 하나만 읽는 독서와는 다른 지혜와 지식을 선사한다.

난독 亂讀

亂 어지러울 란(난)
讀 읽을 독

함부로 아무것이나 마구 읽음.

독서의 이름 058

　'난독(亂讀)'은 책의 종류나 내용을 가리지 않고 함부로 아무거나 어지럽게 읽는 것이다. 조선시대 규장각의 검서관이었던 이덕무는 독서에 대해 이렇게 조언했다. **'책을 볼 때 멋대로 어지럽게[亂] 읽고는 스스로 박학하다 여겨서는 안 된다.'** 손에 잡히는 대로 뒤죽박죽 읽으면 박학다식해지는 게 아니라 잡스러워진다.

　게걸스럽게 먹는 것과 맛있게 먹는 것은 다르다. 허겁지겁 먹는 것과 맛있게 먹는 것은 다르다. 아무거나 닥치는 대로 먹는 것과 맛있게 먹는 것은 다르다. 마구잡이로 읽어재끼는 것과 독서는 다르다. 눈에 걸리는 대로 읽어대는 것과 독서는 다르다. 내가 어디로 가고 있는지, 얼마나 왔는지 알아야 난잡한 독서, 혼란스러운 독서를 막을 수 있다.

회독 回讀

回 돌아올 회
讀 읽을 독

여러 사람이 차례로 돌려가며 읽음.

독서의 이름 059

'회(回)'는 물이 빙글빙글 돌며 빨려 들어가는 모습이다. '회독(回讀)'은 책을 여러 사람이 차례로 돌려가며 읽는 독서법이다. 회독은 함께 읽는 것이다. 함께 책을 읽었을 뿐인데, 덤으로 친구가 같이 따라온다. 이미 받을 수 있는 상을 넘치게 받았는데 따뜻한 동료애라는 반가운 선물을 또 받았다.

독서는 함께 읽고 함께 살아갈 친구를 만나는 일, 서로의 삶에 우정으로 개입하는 친구를 만드는 일이다. 친구란 나와 같은 책을 읽는 사람, 나와 같은 뜻을 가진 사람, 나와 같은 곳을 바라보는 사람, 나와 같이 살아갈 사람이다. 좋은 글을 만나면 좋은 친구와 나누어야 하고, 좋은 친구와 멋진 이야기를 나누기 위해서는 독서를 계속해야 한다. 나의 삶 속에 들어온 친구와 함께하는 독서, 나의 시간 속에 빨려 들어온 독서가 '회독(回讀)'이다.

소독 素讀

素 본디 소
讀 읽을 독

글 따위를 서투르게 떠듬떠듬 읽음.

독서의 이름 060

　'소(素)'는 실[糸, 실 사]이 드리워진 모습으로 '본디', '바탕', '성질'이라는 뜻을 가진 글자다. 실 사(糸)는 누에고치에서 갓 뽑은 가느다란 실을 나타낸다. 처음 누에고치에서 뽑은 실을 원료로 써서 실생활에서 사용할 수 있는 옷감으로 만들려면 많은 시간과 노력이 필요하다. '소(素)'는 갓 뽑은 실처럼 순수하고 질박한 처음의 모습을 표현한다.

　'소독(素讀)'은 떠듬떠듬 느리고 서툴게 읽는 독서법이다. 처음 겪는 시행착오를 두려워하면 독서를 이어갈 수 없다. 독서의 세계라는 실타래를 나름대로 풀어갈 실마리를 제시하고 유도하는 것이 소독이다. 소박하지만 소중한 독서의 가냘픈 시작을 너무 윽박지르거나 민망해하지 말고 스스로를 조용히 기다리고 응원해주자. 시간이 쌓이고 노력이 쌓여 독서가 두터워지면 그 어떤 외투보다 따뜻하고 품위 있게 나를 감쌀 것이다.

통독 通讀

通 통할 통
讀 읽을 독

처음부터 끝까지 훑어 읽음.

독서의 이름 061

'통독(通讀)'은 어느 한 곳에 얽매이지 않고 처음부터 끝까지 내리 읽는 독서법이다. 조선시대 학자 양응수는 책마다 독서법이 다르다고 지적했다. '『논어』는 구절마다 각기 한 가지 이치를 담고 있어 자세하고 고요히 살펴야만 한다. 『맹자』는 큰 단락으로 되어 있어 처음부터 끝까지 관통[通]하여 숙독해야 글의 뜻이 드러난다. 한 구절 한 글자마다 깨달으려 들어서는 안 된다.' 『논어』는 한 글자씩 짚으며 읽어야 하는 책이고, 『맹자』는 통째로 읽어야 하는 책이라고 했다.

책을 통째로 읽는 '통독(通讀)'은 꿰뚫고 관통하여 읽는 독서법이다. 관통은 무엇이든 밀어붙여 억지로 통과시키는 것이 아니라 처음부터 끝까지 중심을 잃지 않는 것이다. 중심을 잘 잡으려면 유연해야 한다. 유연함은 몽글몽글하고 유약한 것이 아니라 어떤 변화에도 본질을 잃지 않는 근면한 정신력이며 강인한 체력이다. 통독은 책의 처음부터 끝까지 전체를 통째로 보고 듣고 읽고 씹고 삼키는 대담하고도 검질긴 독서법이다.

임독 臨讀

臨 임할 림(임)
讀 읽을 독

책을 스승 앞에 펴놓고 읽음.

독서의 이름 062

　허균은 독서에 관한 책인 『서헌』을 소개하면서 '임(臨)'에 대해서 이렇게 말했다. "『좌전』에 '하늘이 너의 머리 위에 임해[臨] 있다.' 하였고, 『시경』에 '마치 깊은 못가에 임해[臨] 있듯이 한다.' 하였다." 하늘이 내려다보고 있으니 공경심과 두려움을 품게 되고, 깊고 깊은 물가까이에 있으니 조심조심하게 된다는 뜻을 가졌다고 했다.

　'임독(臨讀)'은 나를 지켜보는 존재가 있어 매우 조심스러운 독서법이다. 나의 독서를 지켜보는 존재는 읽는 소리만 들어도 내가 무슨 공부를 얼마만큼 했는지 알 수 있다. 어디서 어떻게 숨을 쉬는지, 무엇과 무엇을 끊어 가는지, 호흡과 리듬과 높낮이를 보면 얼마나 그 책의 의미에 통달했는지 알 수 있다. 책을 펴고서 읽는 임독은 토씨 하나 틀리지 않고 얼마나 잘 외우는지가 아니라 그 내용을 얼마나 잘 이해하는지에 초점을 둔 것으로, 단순 암기를 뛰어넘어 폭 넓은 식견을 요구하는 독서법이다. 하늘이 감시하고, 스승을 의식하고, 시험을 감수하는 두렵고도 경이로운 일에 임하는 경험이 독서다.

약독 略讀

略 간략할 략(약)
讀 읽을 독

중요한 대목만 대충 읽음.

독서의 이름 063

'약(略)'은 잘 정돈된 밭[田, 밭 전]처럼 가로세로 경계를 지어 각각[各, 각각 각]의 영역을 만들어 간결하게 정리하는 모습이다. '약독(略讀)'은 중요한 대목만 읽는 독서법이다. '약삭빠른 강아지 밤눈이 어둡다.'는 속담이 있다. 지나치게 약게 굴면 도리어 판단을 그르쳐 기회를 놓치는 수가 있음을 비유적으로 이르는 말이다. 거칠고 험한 세상을 살아가려면 때론 약은 꾀도 필요하다. 하지만 지나친 약은 꾀는 결국 얕은수에 지나지 않는다. 임시방편으로 막아둔 것이 힘을 다하기 전에 빨리 정상으로 돌려야 한다.

요약본이라도 찾아서 읽는 것은 성실한 걸까, 아니면 제대로 정독하거나 완독하지 않았으니 불성실한 걸까? 모든 분야를 투철하게 살피고 세상 모든 책을 읽을 수는 없기에, 약식으로 읽는 독서도 지지하고 응원한다. 그러나 모든 것을 그런 식으로 해결하는 것은 안 될 말이다. 나의 노력과 공력을 줄이기 위해 빈틈없이 압축하고 압착한 약독은 나의 지성이 깃들 여유를 빼앗고 나의 감성을 기를 기회를 박탈한다. 약독이 나의 독서를 약탈하는 일은 없어야 한다.

백독 百讀

百 일백 백
讀 읽을 독

백 번 읽는다는 뜻으로, 같은 책을 충분히 이해할 때까지 거듭 읽음을 이르는 말.

독서의 이름 064

'백독(百讀)'은 백 번 읽는 독서법이다. 조선시대 학자 이긍익이 역대 왕의 주요 사건을 기술한 『연려실기술』에는 독서광이었던 세종의 백독에 대한 기록이 있다. '**세종은 천성이 학문을 좋아했는데, 세자 시절 매번 독서를 할 때면 반드시 1백(百) 번을 읽었다.**'

같은 책을 싫증 내지 않고 백 번 읽는 '백독(百讀)'은 기적과도 같은 독서법이다. 백 번 읽기는 읽지 않던 사람을 읽는 사람으로 만드는 기적을, 보이지 않던 것을 보이게 만드는 기적을, 알지 못했던 것을 알게 하는 기적을 선물한다. 무엇을 이뤄야 한다는 결심도 잠시 잊고, 무엇을 배워야 한다는 목표도 잠시 잊고, 우직하고 정직하게 읽고 또 읽는 모습이다. 독서를 제대로 시작하기도 전에 무엇이 더 효율적인지, 어디서 배우는 것이 더 유리할지부터 따지는 지금 우리의 독서 풍경과는 많이 다르다. 백독은 처음은 느리고 더디지만 마침내 거대한 가속을 가져온다. 백 번 읽으라는 독서 처방이 백번 옳다.

애독 愛讀

愛　사랑 애
讀　읽을 독

즐겨 재미있게 읽음.

독서의 이름 065

  어릴 때 우리 집에 동그란 케이스에 담긴 과자가 선물로 들어온 적이 있다. 엄마는 삼 남매를 모아놓고, 하루에 딱 2개씩 주겠다고 선언하고는 찬장 가장 높은 곳에 올려두셨다. 칸칸이 주름지에 쌓인 쿠키는 모양도 맛도 다양해서 딱 2개만 선택하는 것은 여간 어려운 일이 아니었다. 나는 왕설탕이 반짝이는 것, 진한 초콜릿옷을 입은 것, 그윽한 버터향이 나는 것, 노랑과 분홍이 질서정연하게 격자를 이룬 것… 중 신중하게 골라서 돌아앉아 천천히 갉아먹고 녹여 먹었다. 아무리 아끼고 아껴 먹어도 뚜껑이 열릴 때마다 과자는 쑥쑥 줄어들었고, 내 마음은 말할 수 없이 아릿하고 안타까웠다. 어른이 된 나는 좋아하는 책을 볼 때면 충분히 즐기면서도 빨리 읽어버리지 않기 위해 애쓴다. 그때 그 쿠키를 먹을 때처럼 아끼고 아껴 읽는다.

  '애독(愛讀)'은 특별히 좋아하는 책을 아끼고 아껴 읽는 독서법이다. 시작할 때부터 이별의 순간이 두렵고, 웃고 즐기면서도 점점 줄어드는 책장이 아쉽고, 독서가 끝나도 영영 그 시간을 살 것만 같은 그런 애달픔이다.

도독 盜讀

盜 도둑 도
讀 읽을 독

몰래 읽거나 훔쳐 읽음.

독서의 이름 066

'도(盜)'는 남의 그릇[皿, 그릇 명]에 있는 음식을 보고 침[次, 침 연]을 흘리는 모습이다. '도독(盜讀)'은 몰래 숨어서 훔쳐 읽는 떳떳하지 못한 독서법이다. 정당한 대가를 치르지 않고 남의 것을 도둑질하듯 하는 독서다. 웹소설이나 이북(eBook)처럼 새로운 매체의 새로운 독서활동은 음성화된 부분이 있어 문제가 되는 경우도 꽤 많은 것 같다. 작은 동네책방에서도 판매용 도서이니 조심히 보고 가급적 구입 후 읽어달라는 메모가 구석구석 붙은 걸 보게 된다. 온·오프라인 독서 관련 공간에서 매너가 제대로 장착되지 않은 사람들과 부딪히면 한순간에 분위기가 엉망으로 흐려져 버리기도 한다.

'도독(盜讀)'은 나의 독서를 끈기나 부지런함이 아니라 선함과 옳음을 기준으로 다시 묻는 귀한 물음이다. 도둑질한 것은 내 것이 아니라 장물이다. 아무리 독서라도 도둑질로 얻은 것은 진정한 내 것이 될 수 없다.

전독 轉讀

轉 구를 전
讀 읽을 독

경전을 읽을 때, 경문 전체를 차례대로 읽지 아니하고 처음·중간·끝의 몇 줄만 읽거나 책장을 넘기면서 띄엄띄엄 읽는 일.

독서의 이름 067

'전독(轉讀)'은 방대한 분량의 불경을 모두 읽을 수 없을 때 상·중·하의 대목을 뽑아 읽음으로써 독경을 마친 것을 상징하는 불교의식을 말한다. 고려시대 학자 이색이 지은 시에 **'대장경 일천 상자 전독(轉讀)하러 떠났다가 / 산길 따라 여덟 잎 지니고 돌아왔네'**라는 부분이 있다. 이색의 다른 시를 살펴보면 반룡사에서 대장경 일천 상자를 담아 백 척 높이로 탑을 쌓은 일을 기록한 것이 있다. '여덟 잎'은 비록 평범한 사람일지라도 각자 여덟 잎의 연꽃 같은 마음이 있으니, 그 마음을 관조하면 삼매의 경지 즉 깨달음에 도달할 수 있다는 말이다. 누구나 백 척 높이의 불경을 다 읽을 수는 없지만 자신의 마음속 연꽃잎은 피워낼 수 있다는 그 소망을 응원하는 것이 '전독(轉讀)'이다.

전독은 여기저기 떠돌며 전전하는 독서, 띄엄띄엄 보아 넘기는 독서가 아니다. 읽고 싶어도 읽을 수 없는 사람들이 책장을 넘기며 읽는 시늉만으로도 독서 삼매경에 빠질 수 있다는 믿음이며, 읽고 싶어도 읽지 못하는 사람들을 대신해서 사력을 다해 구도의 심정으로 독서하겠다는 다짐이다.

차독 借讀

借 빌릴 차
讀 읽을 독

남의 책 따위를 빌려서 읽음.

독서의 이름 068

'차독(借讀)'은 남의 책을 빌려 읽는 독서법이다. 빌려서라도 읽는 그 간절함이 독서를 완성시킨다. 책을 빌려주는 예의도 있고, 책을 빌려 보는 예의도 있다. 책을 빌려줄 때는 남에게 보여주는 것을 아까워하지 말고, 빨리 돌려달라고 너무 재촉하지도 말고, 그의 공부를 믿고 독서를 응원해주어야 한다. 책을 빌려 볼 때는 억지로 빼앗듯이 가져오면 안 되고, 되도록 깨끗이 보고, 약속한 날짜에 돌려주고, 진심으로 감사를 표해야 한다.

도서관에서 책을 빌려 볼 때도 기본 예절을 지켜야 한다. 신중히 골라서 기껏 빌려온 책 위에 뜨거운 라면냄비를 올려놓거나 색색으로 낙서하고 밑줄을 긋는 무례를 범하면 안 된다. 여러 사람이 함께 보는 책이니 깨끗하게 보고 돌려주어야 한다. 도서관에 비치되어 있는 소독기에 책을 넣어 소독을 마치고 반납하는 습관을 가지면 좋겠다. 도서관에서 매주, 매달, 매년 열리는 다양한 모임과 행사에 참여하는 것도 좋겠다. 아직 없다면 알찬 '차독(借讀)'을 위해 도서관 회원증부터 만들자.

난독 難讀

難 어려울 난
讀 읽을 독

읽기 어려움.

독서의 이름 069

'난(難)'은 새[隹, 새 추]를 잡는 것이 매우 어렵다는 것을 뜻한다. '난독(難讀)'은 포로롱 날아가는 새를 잡는 것처럼 독서가 몹시 어렵다는 말이다. 조선시대 학자 이수광은 어려움의 여러 단계에 대해 이렇게 기록했다. '배움은 장차 도를 구하기 위한 것이니, 배우는 것이 어려운 일이 아니라 도를 듣는 것이 어렵다. 또한 도를 듣는 것이 어려운 일이 아니라 도를 믿는 것이 어렵고, 도를 믿는 것이 어려운 일이 아니라 도를 얻는 것이 어렵다. 또한 도를 얻는 것이 어려운 일이 아니라 도를 지키는 것이 어렵고, 도를 지키는 것이 어려운 일이 아니라 도를 이루는 것이 어렵다. 진실로 도를 아는 자가 아니라면 누가 어려움이 이와 같은 줄 알겠는가. 어려움[難]이 무엇인지 알 수 있다면 어려움이 없을 것이다.'

'난독(難讀)'이라고 하면 '난독증(難讀症)'이 떠오른다. 정도의 차이는 있지만, 누구에게나 독서는 답답하고 힘들고 지겹고 어려운 일이다. 그러나 선현께서 어려움이 무엇인지 알면 어려움이 없다 하셨으니, 어려움을 딛고 독서에 한 걸음 더 다가가려는 사람이 있다면 누구든 응원하고 지지하자.

다독 多讀

多 많을 다
讀 읽을 독

많이 읽음.

독서의 이름 070

 '다독(多讀)'은 책을 많이 읽는 독서법이다. '많이'는 횟수, 분량, 정도가 일정 수준을 넘었다는 뜻이다. 젊은 날 독서에 너무나 집중해서 병까지 얻은 조선시대 학자 이황은 **'책을 볼 적에도 마음을 괴롭히는 데까지 이르러서는 안 되며, 많이[多] 보는 것은 절대 경계해야 한다.'** 라고 지적한다. '다독(多讀)'만이 능사가 아니라고 치기 어린 열정을 다독인다.

 다독도 좋지만, 때로는 소독하면 어떨까? 많이 많이만 보려고 욕심 내지 말고, 좀 적게 읽는 소독(少讀)도 괜찮다. 처음부터 한 글자 한 글자 완벽을 추구하느라 지치지 말고, 좀 떠듬떠듬 읽는 소독(素讀)도 괜찮다. 책상 앞에서 인상 쓰면서 홀로 고군분투하지 말고, 사람들과 어울려 웃으며 읽는 소독(笑讀)도 괜찮다. '다독(多讀)'하겠다는 기특한 각오와 다짐이 오히려 독이 되고 짐이 되지 않도록 마음부터 가다듬고 다스려야 한다.

배독 背讀

背 등 배
讀 읽을 독

책을 스승 앞에 펼쳐놓고 자기는 보지 아니하고 돌아앉아서 욈.

독서의 이름 071

'배독(背讀)'은 스승 앞에 등을 지고 돌아앉아 책의 내용을 외우는 독서법이다. 조선시대 학자 이덕무가 어린이의 독서 교육에서 배독에 대해 주의사항을 남겼다. '**배웠던 글을 돌아앉아서**[背] **외울 때 잔글씨로 베껴서 몰래 보고 외운다면, 마음을 속이는 일이 이보다 더 심한 것이 있겠는가?**' 돌아앉아 외울 때 작은 글씨로 커닝페이퍼를 만들어서 슬쩍 잘 외우는 척을 하는 것은 스승의 눈을 속이는 것뿐 아니라 자신의 마음을 속이는 짓이다.

이렇게 돌아앉아 책을 보지 않고도 다 읽고 외워야 하는 이유는 무엇일까? 책을 더 정확하게 이해하고 더 자유롭게 사유하기 위해서다. 무슨 글자인지 읽는 데 급급하고, 무슨 뜻인지 아는 데 급급하면 독서의 범위와 깊이가 한정적일 수밖에 없다. '배독(背讀)'은 앞으로 평생 해나갈 독서의 토대를 다지는 일이기에, 자신의 마음을 속이고 배신해서는 안 된다.

검독 檢讀

檢 검사할 검
讀 읽을 독

글을 검열하여 잘못된 것을 고치기 위하여 읽는 일.

독서의 이름 072

'검(檢)'은 나무[木, 나무 목]를 빠짐없이 모두[僉, 모두 첨] 점검해서 쓸모없는 것을 가려내는 일이다. '검독(檢讀)'은 잘못된 곳을 찾아 검사하고 검열하는 독서법이다. 취미와 학습뿐 아니라 일로 하는 독서도 있다. 검독은 소명으로 하는 독서, 무거운 책임감과 드높은 사명감으로 하는 독서다. 조선시대 최초의 검서관(檢書官)이었던 이덕무는 책을 다루는 사람이 가져야 할 네 가지 덕목으로 박흡(博洽, 박학다식), 정민(精敏, 섬세함), 침정(沈靜, 차분함), 근려(勤勵, 부지런함)를 지목했다.

한 번의 실수가 책의 질을 떨어뜨리고, 하나의 오자가 책의 신뢰도를 낮추고, 한 번의 방심이 책의 짜임새를 흐트러뜨리고, 한 번의 오판이 책의 흐름을 망가뜨린다. 책에 하나의 오점도 남기지 않기 위해, 한 번의 부주의도 용납하지 않기 위해 검독하는 사람은 늘 자신을 검속하고 단속한다.

봉독 奉讀

奉 받들 봉
讀 읽을 독

남의 글을 받들어 읽음.

독서의 이름 073

'봉독(奉讀)'은 두 손을 모아 귀한 글을 받들어 읽는 독서법이다. 글과 책을 소중히 대하는 모습이다. 글과 책을 귀하게 여기는 것은 어떤 모습일까? 조선시대 학자 허균은 '만약 서적을 기이한 향에 쐬거나 **비단으로 포장하거나 향초로 책벌레를 물리치거나 이슬로 손을 씻는 등 겉모양만 장엄하기를 힘쓰면서**' 책을 읽는다면 독서에 아무런 도움이 안 된다고 지적했다.

겉으로만 예의를 차리고 받드는 것과 진짜 예의를 지키는 것은 다르다. 청정한 대숲에 맺힌 깨끗한 새벽이슬을 받아 손을 씻고 값비싼 무엇으로 치장하는 요란한 독서보다 한 글자 한 글자를 정성스럽게 읽으려 노력하는 것이 독서에 대한 진짜 예의다. 우리가 책을 소중하게 다루고 봉독하는 이유는 저자가 책에 자신의 모든 것을 쏟아 넣었다는 사실을 잘 알기 때문이다. 그 열정과 한숨, 그 집념과 눈물에 공감하고 감동하기에 겸허하고 겸손한 마음으로 받들어 읽는 것이다.

중독 重讀

重 무거울 중
讀 읽을 독

거듭 읽음.

독서의 이름 074

'중독(重讀)'은 무겁고 귀중하고 소중하게 거듭 읽는 독서법이다. 거듭거듭 읽는 것은 보고도 또 보고 싶은 마음, 확인하고도 또 확인하고 싶은 마음이다. 책이 어디로 도망가는 것도 아니고 누가 들고 달아나는 것도 아닌데 거푸거푸 또 읽고 싶어지는 상태, 읽기에 중독(中毒)되어버린 독서가 중독(重讀)이다.

중중첩첩(重重疊疊), 겹겹이 겹치고 포개는 독서가 중독이다. 책을 읽으면 내 안에 품고 있던 기억과 겹치고 포개져 또 다른 기억을 만들어낸다. 책을 읽으면 내 안에 간직하고 있던 생각과 겹치고 포개져 더욱 깊이 있는 생각을 만들어낸다. 책을 읽으면 내 안에 스민 체취와 취향과 겹치고 포개져 더욱 오묘하고 오롯한 나다운 무엇을 만들어낸다. 중독은 책 읽기의 중요성을 거듭 각인시키고 증가시키는 독서법이다.

숙독 熟讀

熟 익을 숙
讀 읽을 독

글을 익숙하게 잘 읽음.

독서의 이름 075

'숙(熟)'은 뜨거운 불 위에서 삶아[烹, 삶을 팽] 푹 익은 모습이다. '숙독'은 익숙해질 때까지 읽고 또 읽어서 익히고[習, 익힐 습] 또 익히는[熟, 익을 숙] 독서법이다. 대표적인 독서법인 숙독에 대해서 조선시대 학자들이 각자의 노하우를 전해주고 있다. 이이는 『격몽요결』에서 정해진 책을 순서대로 돌려가며 읽는 '순환숙독(循環熟讀)'을 이야기했다. **'5서와 5경을 돌려가면서 숙독하여, 끊임없이 이해하면 그 이치가 나날이 밝아질 것이다.'** 양응수는 『독서법』에서 적은 양을 집중해서 읽는 '소간숙독(少看熟讀)'을 이야기했다. **'무릇 책을 볼 때 적게 보며 숙독하는 것이 첫째다.'** 안정복은 윤장에게 보내는 편지에서 개인적인 견해를 내세우지 않고 평정심을 유지해서 읽는 '평심숙독(平心熟讀)'을 이야기했다. **'성현의 글을 공평한 마음으로 숙독하고, 문장의 뜻을 글대로 풀이하여 평이하고 명백하게 보고, 사견을 주장하거나 별도의 뜻을 세우지 않도록 노력해야 할 것입니다.'**

나름의 비법, 비방, 비책이 많다는 것은 그만큼 성취가 어렵다는 뜻이기도 하지만 길이 아주 없지는 않다는 뜻이기도 하다. 옛사람들이 일러주는 방법을 숙지해서 '숙독(熟讀)'에 도달해보자.

역독 譯讀

譯 번역할 역
讀 읽을 독

번역하여 읽음.

독서의 이름 076

'역독(譯讀)'은 어떤 언어로 된 글을 다른 언어로 번역하여 읽는 독서법이다. 조선시대 학자 위백규는 공부하는 사람들을 깨우치는 글에서 '**사서삼경 등의 경서를 우리글로 번역하는 언해는 모두 대가의 손에서 이루어져 그 세밀한 분석이 마치 신묘한 화공의 솜씨 같다. 그런데도 대충 거칠게 읽고 외워서 다만 문장이나 따다 쓰는 용도에 그칠 뿐이다. 그 음과 토에 대해서 왜 그렇게 달았는지 살피지 않으니, 하물며 그 뜻풀이에 대해서는 오죽하겠는가.**'라고 지적했다.

친절하게 번역해주지 않으면 도무지 알 수 없는 글을 눈에 보이는 그림처럼 그것도 세밀화로 그려주는 훌륭한 번역가가 있어서 가능한 것이 역독이다. 토씨 하나 어감 하나까지 고민하고 또 고민한 흔적들을 찾아가면서 읽는 재미가 있는 독서법이다. 하고많은 표현들 중에서 왜 하필 그 단어로, 그 문장으로 번역했는지를 살피는 노력이 있어야 독서의 품이 커지고 깊이가 깊어진다.

강독 講讀

講 외울 강
讀 읽을 독

글을 읽고 그 뜻을 밝힘.

독서의 이름 077

 '강(講)'은 말[言. 말씀 언]로 읽고, 쌓고, 짜는[冓. 짤 구] 것이다. '강독(講讀)'은 서로 말을 주고받으며 배움을 이어가고 읽어가는 독서법이다. 조선시대 학자 장유는 임금에게 세종과 성종 때는 하루에 세 번씩 경연을 열었다면서 좀 더 적극적인 배움의 자세가 필요하다고 진언했다. '근일에 이르러서는 경연을 여시는 일조차 점점 드물기만 합니다. 그리고 경연에 임하실 때도 아무 말 없이 계시려고만 할 뿐 차분하게 자문을 구하지 않으시기 때문에 신하들도 예를 갖추어 강독(講讀)을 끝내고 나면 책을 싸 들고 그냥 물러 나오는 형편입니다.'

 책을 읽고도 하고 싶은 말, 해야 할 말이 없다면 독서를 한 것이 아니다. 뚜렷한 자기주장도 질문도 없이 그저 우두커니 앉아서 우아하고 고상하게 하나 마나 한 이야기를 주워섬기는 것도 독서가 아니다. 서로가 서로에게 함께 배움을 짜고 얽고 만들어갈 팽팽한 말상대가 되어주어야 한다. 실력으로도 쉽게 지지 않고, 부지런함으로도 쉽게 지지 않고, 논쟁으로도 쉽게 지지 않는 맞상대가 되어주어야 '강독(講讀)'이 가능하다.

편독 偏讀

偏 두루 미칠 편
讀 읽을 독

치우치지 아니하고 두루 책을 읽음.

독서의 이름 078

'편독(偏讀)'은 모든 종류의 서책[冊. 책 책]을 두루두루 읽는 독서법이다. 옛날에는 도와 덕을 바로 세우는 책, 역사적 사건과 인물을 기술한 책, 문장의 본보기를 보이는 아름다운 책, 사물을 고찰하고 견문을 넓히는 책, 소설과 자질구레한 이야기를 담은 책 등으로 서책을 분류했다. 책의 종류에 따라 읽기의 순서를 정하거나 중요도에 차등을 두기도 했다.

별생각 없이 손에 잡히는 대로 책을 읽다 보면 자신이 관심 있는 분야, 자신에게 익숙한 분야에 편중되는 경향이 생긴다. 모든 책을 다 볼 수는 없지만, 시간이 날 때마다 다양한 분야의 책들을 두루두루 구경 정도는 해두는 것이 좋겠다. 아이가 없어도 그림책을 보고, 주식과 부동산을 몰라도 경제 도서를 보고, 여행 계획이 없어도 여행책을 볼 때 새로운 시선이 열리고 나만의 식견이 만들어진다. 그랬을 때 편협한 독서, 편향된 독서가 아니라 진정한 취향을 담은 편독(偏讀)할 힘이 생긴다.

윤독 輪讀

輪 바퀴 륜(윤)
讀 읽을 독

여러 사람이 같은 글이나 책을 돌려가며 읽음.

독서의 이름 079

'윤독(輪讀)'은 수레바퀴처럼 돌려가며 읽는 독서법이다. 여러 사람이 한 책을 돌려가며 읽는 모습이다. 정조 21년(1797) 4월 19일 『일성록』의 기록에는 정조가 여러 신하들과 원자의 공부에 대해 의논하는 장면이 나온다. '**차례대로 「소학제사」 한 편을 윤독(輪讀)했다. 심환지는 '원형이정'에서 '수감이현'까지 읽고, 서호수는 '애친경형'에서 '이달기지'까지 읽고, 김재찬은 '소학지방'에서 '사망혹유'까지 읽고, 서용보는 '궁리수신'에서 '유성지모'까지 읽었다.**' 당대 최고의 석학들이 순서를 정한 대로 돌아가며 어린아이가 『소학』을 배우는 의미가 담긴 「소학제사」를 윤독하는 모습이 성대하고 장엄하다. 『소학』이 무엇인지 몰라서가 아니라, 『소학』을 읽는다는 것이 무엇이어야 하는지 서로 확인하는 과정이다.

여럿이 모여 같은 것을 돌아가며 읽는 이유는 서로 같은 마음이라는 사실에 다시 한번 주목하기 위해서다. 다시 눈여겨보고, 다시 톺아보고, 다시 새겨듣기를 바라는 마음이 윤독이다.

번독 翻讀

翻 날 번
讀 읽을 독

글을 번역하여 읽음.

독서의 이름 080

'번(飜)'은 '날다, 나부끼다, 뒤집히다, 변하다, 번역하다'의 뜻을 가진 글자다. '번독(翻讀)'은 다른 세계의 언어를 번역하여 읽는 독서법이다. 고전을 지금의 언어로 바꾸는 것이 시간적 번역이라면, 다른 지역의 언어를 여기의 언어로 바꾸는 것은 공간적 번역이다.

독서는 넓은 의미에서 늘 번독(翻讀)이다. 우리는 늘 자신의 언어로 번역해서 책을 읽게 되기 때문이다. 나에게 내장되어 있는 말로 바꾸고, 나에게 저장되어 있는 감각으로 치환하고, 나에게 중요한 순서와 강도로 변환시켜야 읽을 수 있다. 하지만 나에게 익숙한 것으로 번역하여 읽는다는 것이 새로움을 받아들이지 못하고 자신의 아집과 고집만 고수하는 고착적인 독서라면 독서를 할 이유가 없다. 독서란 기꺼이 뒤집고 뒤집히기 위한 일이다. 독서란 글자를 뒤집어보고 되짚어보고, 의미를 뒤집어보고 되짚어보고, 나를 뒤집어보고 되짚어보는 수고로움이다.

적독 摘讀

摘 딸 적
讀 읽을 독

띄엄띄엄 가려서 읽음.

독서의 이름 081

'적(摘)'은 밑동[商, 밑동 적]까지 들춰보며 손[手, 손 수]으로 필요한 것만 따내는 모습이다. '적독(摘讀)'은 가려서 읽는 독서법이다. 좋은 것과 나쁜 것을 가려내고, 필요한 것과 필요 없는 것을 골라내며 읽는 것이다. 책에게는 미안한 말이지만 쓰레기 같은 책도 많고, 좋은 책에도 불필요한 부분이 섞여 있는 경우가 적지 않다. 독서를 제대로 하려면 꼭 필요한 것과 그렇지 않은 것을 구별할 수 있어야 한다. 그 기준을 알고 판별하고 실행하는 힘 또한 독서에서 나온다.

'적독(摘讀)'은 책을 처음부터 끝까지 싹 다 읽지 못했다는 거추장스러운 죄책감은 버리고 가벼운 마음으로 지금 필요한 것에 집중하는 독서법이다. 버리지 못하면 얻을 수 없고, 추리지 않으면 집중할 수 없다. 적독은 뭐든 좋아 보이는 걸로 잡아채는 깍쟁이 같은 독서가 아니라 나에게 중요한 것을 가려내고, 나에게 지금 딱 적당한 것을 가려내고, 나에게 꼭 맞는 것을 가려내는 성실한 독서법이다.

서독 徐讀

徐 천천히 할 서
讀 읽을 독

책을 천천히 읽음.

독서의 이름 082

'서(徐)'는 서두르지 않고 여유[余, 남을 여]를 가지고 조금씩 천천히 걷는[彳, 조금 걸을 척] 모습이다. '서독(徐讀)'은 천천히 읽는 독서법이다. 조선시대 학자 이상정이 딸꾹질로 고생하는 아들에게 천천히 걷기와 천천히 읽기의 관계를 일러주었다. '**딸꾹질로 고생한다고 하였는데 이는 먹은 음식이 다 내려가기 전에 독서를 해서 생기는 것으로 다른 치료법이 없다. 그저 식사 후에 천천히[徐] 걸으며 속이 편안해진 뒤에 천천히[徐] 느리게 읽는 것을 오래 하면 저절로 나을 것이다.**'

독서란 조금씩 천천히 걸어야 하는 길, 아주 오래 아주 멀리 가야 하는 길이다. 빨리 급하게 한다고 해서 욕심껏 되지 않는다. '천천히'는 그리 화려하지도 않고 그리 멋지지도 않아서 눈에 띄지 않는다. 하지만 '천천히'의 연약하고 희미한 아름다움에 기대지 않으면 서서히 물들고 빈틈없이 꽉 채우는 독서에는 영영 도달할 수 없다. '천천히'는 게으른 타성이 아니라, 절대 포기하지 않는 사람의 최선이며 겸손이며 열정이다. 천천히 걷고 천천히 읽자.

완독 緩讀

緩 느릴 완
讀 읽을 독

느리게 읽음.

독서의 이름 083

'완독(緩讀)'은 느리게 읽는 독서법이다. 빠르지 않은 속도로 운행하면서 승객이 원하는 곳마다 서는 완행버스처럼 자주 멈추고, 자주 묻고, 자주 돌아보고, 자주 머뭇거리며 느리게 읽는 독서법이다. 아주 작은 간이역에도 정차하는 완행열차처럼 아주 작은 목표와 아주 작은 성취에도 감사하는 독서법이다.

느림은 빠름이 보지 못하는 것을 보는 묘미가 있고, 빠름이 하지 못하는 것을 해내는 저력이 있다. 느리고 느슨한 독서의 위엄은 자주 멈춤으로 아주 멈추지 않음에 있다. 마침내 목적지에 도착하는 힘은 목표를 향해 치달리는 조급함이 아니라 조금 느리고 조금 더뎌도 결코 멈추지 않는 검질김에 있기 때문이다. 매일 세 줄씩 읽는 사람의 독서가 몰아서 몇 권 읽다가 금세 책을 내팽개치는 사람의 독서보다 훨씬 믿음직하다. 틈틈이 한 쪽씩 읽는 편이 어쩌다 며칠 열심을 내다가 내내 책을 외면하는 것보다 훨씬 빠르다. 완독(緩讀)에 대한 너그러움이 독서를 완성한다.

와독 臥讀

臥 누울 와
讀 읽을 독

누워서 책을 읽음.

독서의 이름 084

누워서 책을 읽으면 잠들기 쉽다. 조선시대 학자 이익은 「와독서가(臥讀書架)」에서 누워서 책을 보는 기구를 소개했다. '**어느 집 책상에 측면으로 세워진 판자가 있는 것을 보고 그 이유를 물었더니 누워서 책을 읽는 책상이라고 했다.**' 그는 독서는 바른 자세로 하는 것이기에 누워서 책을 보겠다는 생각이 잘못되었다고 지적했다. 하지만 나는 책을 보다가 잠 좀 자도 된다고 생각한다. 또 잠을 잘 자야 독서도 할 수 있다고도 생각한다. 요즘처럼 만성피로와 불면증으로 고생하는 사람이 즐비한 시대에는 책을 얼굴에 덮고 잠이 든 모습마저 정겹게 느껴진다.

어떤 자세든 책을 읽을 수 있다. 어떤 자세든 책을 읽으면 된다. 누워서도 보고, 엎드려서도 보고, 앉아서도 보고, 서서도 보는 것이 독서다. 독서에 대한 완고함이 필요할 때가 있다면, 좀 자유롭고 부드러운 태도가 필요할 때도 있다. 요량 없는 반듯함과 실속 없는 번듯함보다 때론 조금 삐딱하게, 조금 비스듬하게, 조금 구부정하게, 조금 느긋하게 책을 볼 수 있어야 내 독서의 품이 넓고 따뜻해진다.

묵독 默讀

默 잠잠할 묵
讀 읽을 독

소리를 내지 않고 속으로 글을 읽음.

독서의 이름 085

　홍길주가 형 홍석주의 독서에 대해 말했다. 대제학을 거쳐 이조판서의 지위에 올랐던 홍석주는 한 번 읽은 글은 평생 기억하는 놀라운 기억력을 가진 사람이었다. 그는 틈날 때마다 여러 종류의 책을 여러 방법으로 읽었다고 한다. '형님께서는 어떤 책은 세수를 하고 난 후 망건을 쓸 때 보시고[觀], 어떤 책은 안채에 계실 때 홀로 묵묵히 외우셨다. 또 어떤 책은 침상 머리맡에 놓아두고 아직 잠자리에서 일어나지 않았을 때 외우고, 어떤 책은 잠자리에 들었으나 미처 잠이 들지 않았을 때 속으로 외우셨다[默].'

　홍석주의 '묵독(默讀)'은 어둠 속에서 자신의 머릿속 책을 꺼내어 차분히 읽어 내려가는 독서법이다. '묵(默)'은 개[犬, 개 견]도 짖지 않는 칠흑 같은 어둠[黑, 검을 흑] 속의 고요함을 나타낸다. 밤에 잠을 자려고 누워서도 소리를 내지 않고 속으로 책을 읽는다. 소리를 낼 수 없을 때, 빛이 없을 때마저도 독서를 포기하는 법이 없는 멋진 풍경이다.

관서 觀書

觀 볼 관
書 글 서

소리를 내지 않고 눈으로 글을 읽음.

독서의 이름 086

홍길주가 형 홍석주의 독서에 대해 말했다. 매일 일정한 분량을 정해놓고 책을 읽었고, 일정 분량을 채우고 나서도 틈만 생기면 여러 책을 다양한 장소에서 다양한 방법으로 읽었다고 했다. '**형님께서는 어떤 책은 세수를 하고 난 후 망건을 쓸 때 보시고**[觀]**, 어떤 책은 안채에 계실 때 홀로 묵묵히 외우셨다. 또 어떤 책은 침상 머리맡에 놓아두고 아직 잠자리에서 일어나지 않았을 때 외우고, 어떤 책은 잠자리에 들었으나 미처 잠이 들지 않았을 때 속으로 외우셨다**[默]**.**'

아침에 일어나 세수를 하고 머리 손질을 하는 순간에도 눈으로 책을 읽는다. '관(觀)'은 큰 눈과 눈썹을 가진 황새[雚, 황새 관]가 보는[見, 볼 견] 모습이다. 홍석주의 '관서(觀書)'는 하늘을 나는 황새가 내려다보듯, 나무 위에 앉은 황새가 내려다보듯 조용히 관조(觀照)하는 독서법이다. 잠시 짬을 내어 책을 볼 때도 안달복달하는 대신 여유 있고 우아한 모습을 보이는 것이 독서다.

구서 九書

九 아홉 구
書 글 서

책과 관련한 아홉 가지 일.

독서의 이름 087

'구서(九書)'는 책을 소리 내어 읽는 독서(讀書), 책을 눈으로 읽는 간서(看書), 책을 소장하는 장서(藏書), 책의 주요 부분을 뽑아서 베껴 쓰는 초서(鈔書), 책의 잘못된 곳을 찾아 교정하는 교서(校書), 책을 비평하는 평서(評書), 책을 저술하는 저서(著書), 책을 빌려 보는 차서(借書), 책을 볕에 쬐고 바람에 쐬어 관리하는 폭서(曝書)를 말한다. 독서란 단순히 책을 보는 것뿐만이 아니라, 우리가 책을 만나고 마주하는 모든 순간과 책에 대해 꿈꾸고 생각하는 모든 순간을 포함하는 포괄적인 경험이다.

'구서(九書)'는 책에 대한 모든 것을 아우르는 말이다. 구서의 독서는 패기가 넘친다. 독서를 제대로 하려면 하고 싶은 것도 많고, 해야 할 것도 많은 법이다. 책에 관한 모든 것을 배우려 하고, 배운 것을 모두 실천하려 한다. 독서란 안온한 휴식이나 심심풀이 땅콩이 아니라 빈틈없이 치열하고 혹독한 것이다. 아홉 중에 혹 소홀한 것이 무엇인지 스스로 점검해보자.

금서 琴書

琴 거문고 금
書 글 서

거문고를 타며 책을 읽음. 거문고와 서책.

독서의 이름 088

거문고와 서책은 선비가 머무는 공간이라면 어디나 함께하는 사물이었다. 조선시대 학자 임성주가 제주도에 유배된 형 임명주의 편지를 받아보고, 다른 사람에게 형의 소식을 이렇게 전했다. '귤과 유자가 앞에 가득한 가운데 금서(琴書)로 시간을 보내며, 편안한 마음을 가지려는 뜻이 자세히 기록되어 있었습니다. 그래서 마치 나 자신이 그 안에 있는 것처럼 황홀하게 느껴졌습니다. 동시에 천 리 멀리 떨어져서 생긴 근심과 그리움을 풀 수 있었습니다.'

책과 거문고, 독서와 음악은 서로 퍽 잘 어울린다. 거문고 연주는 아니어도 아름다운 음악이 흐른다면 독서 공간이 조금 더 멋지고 편안한 분위기가 될 것이다. 음악과 독서를 내 삶의 테두리 안으로 들여놓으면 언제 어디서든 황홀경에 빠져들 수 있다. 봄꽃이 흩날리는 공원 벤치에서 책장을 넘기며 음악을 듣고, 비 오는 날 창가에서 음악에 젖어 책을 읽는 나를 상상해본다. 생각만으로도 마음이 부풀고 눈이 부시다.

간서 看書

看 볼 간
書 글 서

책을 소리 내지 않고 눈으로 읽음.

독서의 이름 089

'간(看)'은 자세히 보려고 눈[目, 눈 목] 위에 손[手, 손 수]을 얹고 있는 모습이다. 빛을 모으고 정신을 모으고 집중하려는 눈빛과 손끝이다. 조선시대 학자 이덕무는 사람들이 책만 보는 바보라고 놀리자 스스로 「간서치전(看書痴傳)」을 지었다. '**어려서부터 21세가 되기까지 하루도 책을 손에서 놓은 적이 없었다. 그의 방은 매우 작았다. 그러나 동창·남창·서창이 있어 동쪽 서쪽으로 옮겨가며 해를 따라 밝은 데에서 책을 보았다.**' 남들이 욕을 하든 칭찬을 하든 상관하지 않고 책만 보면 즐겁고 시간이 흐르는 줄도 몰랐다.

우리가 하루 종일 말도 없이 손에서 놓지 않고 즐겨 보는 것은 무엇일까? 간간이 책도 보지만 손에서 놓지 않는 것은 말 그대로 핸드폰이 아닌가. 보조배터리와 충전기까지 모시고 다니면서 집에서도, 학교에서도, 직장에서도, 카페에서도 작디작은 화면에 기꺼이 나를 가둔다. 내가 눈을 떼지 못한 채 미간을 모아 집중해서 보고 있는 것이 무엇인지 생각해보게 된다.

독사 讀史

讀 읽을 독
史 사기 사

역사책을 읽음.

독서의 이름 090

'독사(讀史)'란 역사책을 읽는 독서법이다. 역사책은 단지 지난날의 사건과 인물을 나열한 종이 뭉치가 아니라, 그 사건과 인물을 분석하고 해석하려는 지력이고 노력이다. 따라서 역사책을 읽는 독서는 단순히 시험 점수를 높이는 전략이나 한가한 취미생활이 아니라 삶의 고비마다 더 나은 선택지를 꺼내놓으려는 절박하고 치열한 의지다. 엄청난 독서인이었던 정조가 독서 중에서도 역사책 읽기의 중요성에 대해 이야기했다. '독서에는 **역사책[史]을 읽는 것이 가장 절실하다. 역사 속의 한 가지 일을 살펴보면 이로움과 해로움을 훤히 알 수 있고, 역사 속의 한 사람을 상고해보면 현명함과 어리석음을 즉시 판별할 수 있다.**'

인간이 기록을 남기는 이유는 우리가 지독한 건망증을 앓고 있기 때문이다. 너무나 쉽게 망각하고 지난날의 과오를 반복하고 또 반복한다. 올바르게 결정하고 현명하게 판단하기 위해서는 역사책을 읽어야만 한다. 건강하고 상식적인 사고와 판단은 '독사(讀史)'를 통해 발전하고 발현되기 때문이다.

독도 讀圖

讀 읽을 독
圖 그림 도

지도나 도면을 보고 그 내용을 알아봄.

독서의 이름 091

'도(圖)'는 나라[囗, 나라 국]의 시골[啚, 시골 비] 구석구석 변방 지역까지 다 그린 그림을 뜻한다. 조선시대 학자 유중교는 역사책을 읽으려면 지도 읽는 법부터 익혀야 한다고 했다. '**역사책을 읽는 사람은 먼저 지도를 외우지 않으면 안 된다. 천하의 산천과 고을을 훑어본 후에 역사책을 읽어야 역대 제왕의 흥망, 천도, 분리와 합병, 치우침과 온전함 등을 알 수 있다. 이것은 바둑을 관전하는 사람이 먼저 바둑판이 19줄임을 알아야 바둑돌의 놓임을 볼 수 있는 것과 같다.**'

'독도(讀圖)'는 지도나 도면을 읽고 그 내용을 해독하는 능력이다. 지도와 도면, 그림과 이미지를 읽는 법도 따로 배우고 익혀야 잘할 수 있다. 이미지에도 읽는 방향과 순서, 기준과 규범이 있기 때문이다. 독서에서 이미지를 보고 읽고 이해하고 독해하는 능력은 큰 비중을 차지한다. 이미지까지 읽는 능력이 길러져야 입체적이고 온전하게 책의 구석구석을 살피고 읽을 수 있다.

독파 讀破

讀 읽을 독
破 깨뜨릴 파

많은 분량의 책이나 글을 처음부터 끝까지 다 읽음.

독서의 이름 092

 '파(破)'는 크고 단단한 돌[石, 돌 석]을 깨고 쪼는 힘겨움을 뜻한다. 독서는 깨어짐이다. 돌덩이처럼 굳어진 스스로를 깨고 또 깨는 일이다. 어설픈 확신과 속단을 깨고, 편협한 이념과 선입견을 깨고, 끝없는 무지와 무관심을 깨고, 나약한 나태와 게으름을 깨고, 옹졸한 오만과 편견의 벽을 깨야 독서까지 닿을 수 있다. 이토록 많은 것에 가로막혔기에 처음부터 끝까지 책을 읽어내는 일은 꽤나 어려운 일이다. 책을 끝까지 독파한다는 것은 지극히 고단하고 고달픈 일이다.

 남김없이 모조리 부수고 쪼개고 째고 가르고 깨뜨리는 것이 독서다. '독파(讀破)'란 아늑한 카페 소파에 깊숙이 몸을 묻고 시간이나 죽이는 흐리멍덩한 취미가 아니라 피, 땀, 눈물이 튀는 치열한 투쟁이다.

독후 讀後

讀 읽을 독
後 뒤 후

책을 읽고 난 뒤.

독서의 이름 093

 독서는 좋은데, 독후감은 귀찮고 싫었다. 하지만 시간이 지나면서 '독후(讀後)'를 기록하는 일이 얼마나 소중하고 즐거운 일인지 알게 되었다. 나의 독후기록법은 쉽다. 책을 손에 들고서 보이는 대로 제목과 소제목, 시리즈명, 저자, 번역자, 그림 작가, 출판사명, 출간 연도 정도를 메모하고, 앞·뒤표지와 머리말 혹은 책의 내용 중 구미가 당기는 구절을 노트에 기록한다. 나는 독후기록이 특별하지 않아야 한다고 믿는다. 쉬워야 계속할 수 있고, 계속해야 기록이 쌓이기 때문이다. 이 기록이 쌓이고 쌓이면 지금 나라는 사람의 면면을 구성한 책의 역사를 알 수 있다. 책이 떠난 후에도 나는 그 책을 품고 산다.

 진짜 독서는 책을 읽고 난 후에 시작된다. 책을 읽을 때는 책 내용을 따라가느라 바쁘기에 자신의 생각을 정리하거나 적용하기 어렵다. 뒷모습까지 아름다운 것이 진짜 아름다운 것이다. 사람과 헤어질 때도 예의를 갖추고 서로 좋은 추억을 간직하도록 애쓰는 것이 옳다. 책과 헤어질 때도 그와 다르지 않다.

독료 讀了

讀 읽을 독
了 마칠 료(요)

많은 분량의 책이나 글을 끝까지 다 읽음.

독서의 이름 094

 책을 처음부터 마지막까지 너끈히 차근차근 읽어내는 사람은 드물다. 대부분 처음 부분만 손때가 가득해 반들반들하고 나머지는 새것처럼 깨끗하다. 아무리 책의 매력에 매료되었다고 해도 계획대로 끝까지 독서를 완료하는 것은 힘든 일이다. '독료(讀了)'는 독서의 힘든 과정이 마침내 끝난 홀가분함과 기쁨을 품은 독서법이다.

 나에게는 책을 끝까지 읽는 기술과 방법이 따로 있다. 나의 경우에 '독료(讀了)'를 독려하려면, 독하게 마음먹는 것보다 다정하고 정갈한 독서 환경이 더 중요하다. 자신을 둘러싼 환경을 좀 더 독서에 접근하기 쉽도록 만들면 좋겠다. 책을 펼쳐둘 책상도 깨끗하게 치우고, 각양각색의 책갈피도 취향껏 고르고, 튼튼한 독서대도 장만하고, 조도와 각도가 알맞은 독서등도 준비해보자.

서음 書淫

書 글 서
淫 음란할 음

글 읽기를 지나치게 즐김. 또는 그런 사람.

독서의 이름 095

'서음(書淫)'은 책을 지나치게 즐겨 읽는 것을 뜻한다. 아버지를 따라 한양에 가면 책을 실컷 읽겠다는 이경은 **'저는 책 읽기를 즐겨 남들이 서음(書淫)이라고까지 핀잔하지만, 저의 뜻은 변함이 없습니다.'** 라며 작별을 고했다. 조선시대 학자 성간이 친척 동생인 이경의 독서에 대한 의지를 칭찬하면서 동시에 독서의 의미를 다시 일깨워주었다. **'자네는 앞으로 뛰어난 장인과 석공처럼 독서를 하겠는가, 아니면 그저 두루 보고 만족하며 밖을 더 사모하는 독서를 하겠는가. 이런 일은 모두 자네에게 달려 있는 것이고 내게 속한 것이 아니니, 자네가 생각해서 스스로 처리할 일이네.'**

모든 독서가 쓸모 있고 모든 독서가 가치 있다. 하지만 모두 읽어버리겠다는 지나친 자만과 모두 읽어버렸다는 지나친 자부심처럼 밖으로 드러나는 무엇을 사모하는 독서는 지나치게 위태롭다. 서음, 책벌레, 독서광… 일면 명예로운 이름 같지만 그 속에 숨은 칼날도 볼 수 있어야 한다. 이런 것은 다른 사람이 알려줄 수 없다. 오직 스스로 묻고 스스로 답할 수 있는 질문이다.

우목 寓目

寓 부칠 우
目 눈 목

눈여겨보거나 주목함.

독서의 이름 096

'탐독완시 우목낭상(耽讀翫市 寓目囊箱)'이라는 말이 있다. 옛날에 왕충이라는 사람이 독서를 즐겨 시장 책방에서 책을 탐독했는데, 그가 눈여겨서 책을 보면 주머니[囊, 주머니 낭]와 상자[箱, 상자 상]에 책을 담아둔 것과 같이 기억을 잘했다고 한다. 가난하여 집에 책이 없으니 늘 책방으로 뛰어가서 홀린 듯 책을 볼 수밖에 없었고, 책을 사서 집에 가져올 수 없으니 자신의 머릿속에 꽉꽉 눌러 담아올 수밖에 없었다.

'우목(寓目)'은 자신이 주목한 책을 눈에 담고, 머리에 담고, 가슴에 담는 독서법이다. 서점에서 책을 구경하고 살펴보고 사서 들고 오는 일도 중요하지만, 책을 진짜 내 것으로 만들려면 책 구석구석을 기억할 수 있을 정도로 눈여겨보아야 한다. 왕충은 자신의 상황이나 결핍을 비관하는 대신 자신의 총명을 더 발전시켰다. 책을 사는 이유는 책을 읽기 위해서다. 독서는 책을 읽는 것임을 다시 한번 주목하게 만드는 왕충의 '우목(寓目)' 이야기다.

도능독 徒能讀

徒 무리 도
能 능할 능
讀 읽을 독

글의 깊은 뜻은 알지 못하고 오직 읽기만 잘함.

독서의 이름 097

'도능독(徒能讀)'은 글의 뜻은 잘 모르고서 한갓 읽기만 능숙한 독서법이다. 조선시대 학자 이덕무가 어린이의 독서에 대해 조언했다. 거칠게 읽는 것만큼 미끄덩하게 읽는 것도 잘못이라고 지적했다. '**글을 읽는 소리는 꺼칠꺼칠한 것도 미끌미끌한 것도 글 뜻을 잘 이해하지 못한 것이다.**'

작은 흠결도 없이 물 흐르듯 읽기만 한다고 능사가 아니다. 지나치게 순조롭고 미끄러지듯 매끄러울 때 오히려 의심하고 조심해야 한다. 달려가듯 날아가듯 오직 읽기만 잘하는 것은 뭔가 이상하고 고장난 상태. 스스로에게 도취되어 원래의 마음과 결심에서 벗어난 일이다. 좀 잘하게 되었을 때, 눈을 감고도 할 수 있을 것 같을 때 잠시 멈추고 나를 다잡아야 한다. 반드럽고 매끄러운 것을 자랑하고 자만하면 그동안 열심히 해온 독서는 말짱 도루묵이 되어버린다.

고성대독 高聲大讀

高 높을 고
聲 소리 성
大 클 대
讀 읽을 독

크고 높은 목소리로 글을 읽음.

독서의 이름 098

'고성(高聲)'이라면 우선 거리에서 큰소리를 지르고 노래를 부르는 고성방가(高聲放歌), 목청을 높여 큰소리로 꾸짖는 고성대질(高聲大叱)이 떠오르지만, 큰소리로 책을 읽는 고성대독(高聲大讀)도 있다. '**큰소리로 태공법을 읽기도 하고 / 목청을 뽑아 양보음을 읊어도 보네 / 내 나이 80세가 아니 됐거늘 / 어인 일로 눈물이 옷깃을 적시나**' '태공법'은 강태공이 쓴 병법 책이고, '양보음'은 제갈량이 유비를 도와 천하를 다투기 전에 쓴 글이다. 위의 시는 권상하가 열여덟 살 때인 효종 9년(1658)에 국가의 어려움을 구제하고 싶다는 자신의 큰 포부를 노래한 것이다. 당시는 효종이 병자호란 후 문무를 겸비한 인재를 구할 시기였다. 낚시질하던 강태공은 80세에 왕도정치를 위해 세상에 나왔는데, 자신은 훨씬 어린 18세지만 나라를 생각하면 눈물이 절로 난다고 했다. 청년 권상하는 참혹한 전쟁을 치른 나라를 생각하며 큰소리로 글을 읽고 목청을 있는 대로 뽑아 책을 읽었다.

책을 읽는 일은 마냥 느슨하고 미지근한 일이 아니라 때론 이를 갈고, 가슴을 쥐어뜯는 격렬하고도 뜨거운 일이다. 커다란 목소리, 커다란 심장, 커다란 마음의 독서도 얼마든지 있다.

독서삼여 讀書三餘

讀 읽을 독
書 글 서
三 석 삼
餘 남을 여

책을 읽기에 적당한 세 가지 한가한 시간. 겨울, 밤, 비가 올 때를 이른다.

독서의 이름 099

'독서삼여(讀書三餘)'는 독서란 마땅히 세 가지 여가 시간을 이용해야 한다는 뜻이다. 옛날에 동우라는 사람에게 어떤 젊은이가 제자가 되고 싶다며 찾아왔다. 동우는 저절로 알게 될 때까지 거듭 독서할 것을 권했는데, 젊은이가 그럴 여가가 없다고 답했다. 그러자 동우는 '**독서하기에 알맞은 세 가지 여가 시간이 있다. 해의 나머지**[歲之餘]**인 겨울, 날의 나머지**[日之餘]**인 밤, 때의 나머지**[時之餘]**인 비가 올 때다.**'라며 깨우쳐주었다고 한다.

늘 책을 읽을 준비가 되어 있어야 잠깐 틈이 생길 때 독서를 할 수 있다. 독서를 좋아하는 사람은 모든 상황이 독서가 가능한 때다. 날이 좋아서 독서를 하고, 날이 흐려서 독서를 하고, 비가 와서 독서를 하고, 잠이 안 와서 독서를 한다. 생각으로는 독서가 좋으면서도 늘 책 읽을 시간이 없는 사람은 모든 상황이 독서를 방해하는 때다. 날이 좋아서 독서를 못 하고, 비가 오다가 말아서 독서를 못 하고, 잠이 와서 독서를 못 한다.

사가독서 賜暇讀書

賜 줄 사
暇 틈 가
讀 읽을 독
書 글 서

조선시대에 유능한 젊은 문신들을 뽑아 휴가를 주어 독서당에서 공부하게 하던 일.

독서의 이름 100

'사가독서(賜暇讀書)'는 공무 대신 독서에 전념하게 한 조선시대의 인재 양성 제도였다. 유능한 문신들이 휴가를 받아 독서당에 모여 독서만 했다. 세종 8년(1426)에 시작하여 세조 때 없앴다가 성종 24년(1493)에 다시 복구했다.

일정한 직업이나 일에 매여 바쁘게 지내던 사람이 잠시나마 얻은 여분의 시간, 여가, 겨를, 틈이 휴가다. 여름휴가 계획을 세웠다면 휴가지에서의 독서 계획도 함께 세워보고, 이러저러한 여행용품으로 가득한 트렁크 틈바구니에 책 한 권을 끼워 넣는 호기도 부려보자. 오직 독서만을 위한 휴가 시간을 따로 떼어놓아도 좋다. 기분 전환을 위한 유명 관광지 순례도 좋지만 일상에 매여 소홀했던 독서를 집중적으로 할 수 있는 시간을 따로 확보하는 것도 멋진 일이다. 학교에, 직장에, 지역 사회에, 나라에 독서 장려 제도가 있다면 적극 활용하고, 없다면 작게라도 내가 먼저 시도하고 시작해보자. 내 집에서는 내 마음대로 나를 유능한 인재로 뽑아 독서 휴가를 보내줄 수도 있다. 반나절이든 한 달이든 독서만을 위한 달콤하고도 유익한 휴가를 내어보자. 오직 나만을 위한, 오직 독서만을 위한 휴가를 준비해보자.

독서삼도 讀書三到

讀 읽을 독
書 글 서
三 석 삼
到 이를 도

독서를 하는 세 가지 방법.

독서의 이름 101

독서에는 구도(口到), 안도(眼到), 심도(心到)라는 삼도(三到)가 있어야 한다는 말이 '독서삼도(讀書三到)'이다. 송나라의 주희가 독서하는 세 가지 방법[讀書三到]을 제시했다. '**책을 읽을 때 입으로 다른 말을 하지 않고, 눈으로 다른 것을 보지 않고, 마음을 하나로 가다듬어 반복 숙독하면 그 진의를 깨닫게 된다.**'

독서할 때는 세 가지가 책에 머물러야 한다. 입[口, 입 구]이 머물러야 하고, 눈[眼, 눈 안]이 머물러야 하고, 마음[心, 마음 심]이 머물러야 한다. 마음이 책에 머물지 않으면 눈이 책을 자세히 읽지 못하고, 눈이 책에 머물지 않으면 마음이 책을 찬찬히 읽지 못한다. 마음이 책에 머물지 않으면 입이 책을 바르게 읽지 못하고, 입이 책에 머물지 않으면 마음이 책을 착실히 읽지 못한다. 옛날과 달리 요즘은 입으로까지 책을 읽는 경우는 드물다. 하지만 책의 내용을 잘 기억하고 오래 간직하고 싶다면, 온몸과 온 마음을 총동원해서 사용해야 한다는 가르침은 예나 지금이나 유효하다.

폐호독서 閉戶讀書

閉 닫을 폐
戶 집 호
讀 읽을 독
書 글 서

집 안에 틀어박혀 책을 읽음.

독서의 이름 102

'폐호선생(閉戶先生)'은 밖에 나가지 않고 집에 틀어박혀 독서만 하는 사람을 이르는 말이다. 옛날에 손경이라는 사람이 문을 닫고 독서에만 열중했는데, 그는 잠이 오면 대들보에 드리워진 새끼줄에 상투를 매달면서까지 독서를 했다. 그가 모처럼 밖에 나오기라도 하면 사람들이 "**폐호(閉戶)선생이 나왔다.**"라고 외쳤다고 한다.

독서는 자발적으로 문[戶, 집 호]을 닫아걸어야[閉, 닫을 폐] 가능한 일이다. 혼자를 혼자 내버려두는 시간과 공간이 꼭 필요하다. 몸이 고요해지고, 마음이 고요해지고, 머리가 고요해져야 책을 읽을 수 있다. 책을 읽느라 술 약속도 덜 잡고, 일도 덜 하고, 미용실도 덜 가야 책 읽을 짬이 난다. 이렇게 얼마간은 억지스럽고 억척스럽게 시간과 공간을 확보하지 않으면 언제든지 얼마든지 나의 독서는 침해받고 방해받을 수밖에 없다. 독서 때문에 자주 못 만나서 친구들이 오랜만이야, 식구들이 오랜만이야, 동료들이 오랜만이야 하고 인사할 때 미안함과 함께 작은 뿌듯함을 품어보는 것도 좋겠다. 그러나 폐호독서에 닫아걸 문이 꼭 필요한 것은 아니다. 책에 집중하는 독서 자체가 상황에 상관없이 문을 닫아거는 것과 같은 일이기 때문이다. 겨우 책 한 권을 앞에 놓고 앉는다고 해서 세상의 소리와 소란에서 모두 해방되는 것은 아니지만, 얼마간의 유예와 간격은 얻을 수 있다.

고봉독서 高鳳讀書

高 높을 고
鳳 봉새 봉
讀 읽을 독
書 글 서

독서에 정신이 팔려 보리가 떠내려가는 줄도 몰랐던 고봉의 독서.

독서의 이름 103

옛날에 독서 말고는 아무 관심이 없었던 고봉이라는 사람이 있었다. 아내가 뜰에 보리를 말리면서 그에게 긴 막대기로 닭이 오지 못하도록 지키게 했다. 마침 그때 소나기가 쏟아졌으나 고봉은 그저 긴 막대기를 잡고 경전을 외우느라 빗물에 보리가 떠내려가는 줄도 몰랐다고 한다.

고전에는 보리가 빗물에 떠내려가는 줄도 모른 채 독서하던 고봉 같은 사람들이 많이 보인다. 밭을 매면서 독서하던 상림, 쇠뿔에 책을 걸어놓고 소를 먹이면서 독서하던 이밀, 땔나무를 팔아서 독서하던 갈홍, 양을 치면서 독서하다 양을 잃어버렸던 왕육, 품팔이하면서 독서하던 환영, 벽을 뚫어놓고 옆집의 등불을 빌어 독서하던 광형…. 우리나라 최초의 한글소설 『홍길동전』의 작가 허균은 이 모두가 자신의 독서 스승이라고 말했다. 눈이 온통 책에 끌리고, 마음이 온통 책에 홀리고, 정신이 온통 책에 쏠리면 스스로조차 잊어버리는 무아지경(無我之境)의 독서에 다다르게 된다. 좀 지나친 점도 있지만, 모든 것을 걸고 또 모든 것을 잊는 무아지경의 독서는 독서인이라면 누구나 한 번쯤 맛보고 싶은 경험일 것이다.

독오거서 讀五車書

讀 읽을 독
五 다섯 오
車 수레 차/거
書 글 서

다섯 대의 수레에 가득히 실을 만큼 많은 책을 읽음.

독서의 이름 104

옷이 비에 젖는 것도 아랑곳하지 않고 / 不惜雨沾衣

저물녘에 계상의 정사로 들어갔네 / 暮投溪上舍

다섯 수레의 책 읽는 것보다 나아 / 勝讀五車書

삼경 밤이 이슥하도록 앉아 대화하였네 / 坐對三更夜

15세에 퇴계 이황의 문하에서 배움을 시작한 권호문이 남긴 시 「빗속에 계당에 이르러[雨中到溪堂]」이다. 다섯 수레에 실을 정도로 엄청난 양의 책을 읽는 것보다 퇴계와 만나 하룻밤 학문에 대해 대화하는 것이 낫다는 뜻이다. 한 사람과의 대화가 다섯 수레의 책을 읽는 것보다 유익하고 즐겁다. 마주 앉아 이야기 나눌 생각에 옷이 비에 젖는 것도 상관하지 않는다. 토론이 저녁을 지나 깊은 밤까지 이어져도 너무나 즐겁고 고맙고 멋지다. 오거서(五車書)의 독서를 이기는 스승과의 대화, 사실 이런 대화를 제대로 나누기 위해 평소에 '독오거서(讀五車書)'를 해두어야 하는 것이다.

월광독서 月光讀書

月 달 월
光 빛 광
讀 읽을 독
書 글 서

달빛으로 책을 읽는다는 뜻으로, 집이 가난하여 공부하기가 어려운 상황임에도 열심히 노력하는 것을 비유적으로 이르는 말.

독서의 이름 105

 '형설지공(螢雪之功)'이라는 말이 있다. '차윤취형(車胤聚螢)'과 '손강영설(孫康映雪)'을 합해서 고생 속에서도 꾸준히 책을 읽고 공부하는 것을 표현한 사자성어다. 집이 가난하여 등불을 밝힐 수 없었던 차윤이 반딧불을 모아 그 빛으로 책을 읽고, 손강이 눈에 반사된 달빛으로 책을 읽었다는 고사에서 비롯되었다. 아주 옅은 빛에 의지해 자신을 둘러싼 짙은 어둠과 고군분투하는 장면이다.

 형광등, 독서램프, LED 스탠드 등등 뭐든 밤새도록 환하게 켤 수 있는 나는 독서보다는 다른 재미로 밤을 더 자주 보낸다. 달빛이 비치고 있는지조차 알아채지 못하고 허옇게 넋 빠진 표정을 짓고 사는 날이 훨씬 더 많다. 달빛으로 책을 읽는 월광독서(月光讀書)는 결핍이 결핍된 시대, 간절함이 간절히 필요한 시대를 살고 있는 우리에게 귀감이 되는 독서법이다. '달빛독서'라니, 말도 뜻도 참 어여쁘다.

독서삼매 讀書三昧

讀 읽을 독
書 글 서
三 석 삼
昧 어두울 매

아무 생각 없이 오직 책 읽기에만 골몰하고 있는 상태.

독서의 이름 106

 독서가 원숙하고 완숙하게 무르익으려면 독서삼매경에 빠져야 한다. '독서삼매(讀書三昧)'는 다른 생각은 하지 않고 오직 독서에만 몰입한 경지를 말한다. '삼매'는 범어 samādhi를 음역한 것으로, 정신을 집중하여 마음을 평정하는 불교의 수행법 중 하나다. 정신을 한곳에 집중하는 법을 '**뱀은 항상 구불구불 다니는데 대나무 통에 들어가서야 비로소 곧아지는 것과 같으니, 능히 마음으로 하여금 한 경지에 머물게 할 수 있다.**'라고 비유하여 설명한다. 구불구불하고 꼬깃꼬깃한 마음을 곧게 펴는 그 대나무 통이 책이 될 수 있다는 믿음이 독서의 시작이고 끝이다.

 마음이란 어떤 외피를 입느냐에 따라 그 모양이 달라진다. 마음에 다른 생각 없이 오직 책 읽기에만 몰두하고 있는 상태, 잡념에 빠지지 않고 오직 책에만 집중하고 있는 경지가 독서삼매경(讀書三昧境)이다. 나는 내 마음을 어디에다 둘 것인가? 내 마음의 집을 책으로 하겠노라 다짐하고 결정하는 것이 독서하는 사람의 마음가짐이다.

외는 독서

'외다'와 '외우다'는 같다고 하기에는 좀 다르고, 다르다고 하기에는 많이 비슷하다. 조용히 되풀이해서 읊조리며 외다 보면 자연스레 외우게도 되고, 외우기 위해서는 자연스레 외는 과정을 거치게도 된다. 입에서 저절로 술술 나오기까지 반복해서 외고 외우는 '송(誦)'은 옛날에만 필요했던 것이 아니라 오늘날에도 꼭 필요한 독서법이다. 나를 잘 대변하고 표현해주는 글이나 공부와 학습에 기초가 되는 책을 외워두면 꼭 필요할 때 적절히 사용할 수 있다. '외는 독서'는 우리가 한 글자 한 글자 겨우 책을 따라가는 것에 급급하지 않고, 더 자유롭게 읽고 더 깊이 사유할 수 있도록 돕는 유용한 독서법이다.

'외다'는 '같은 말을 되풀이하다'라는 뜻으로도 쓰이지만, '외우다'의 준말이기도 하다. '기억했다가 한 글자도 틀리지 않고 그대로 말하다'라는 뜻으로는 '외다'와 '외우다' 둘 다 쓸 수 있는데, 이 경우 '외다'는 '외우다'의 줄인 말 형태인 것이다. 따라서 되풀이해서 읊조리며 '외는 독서'와 기억하고 암기하며 '외(우)는 독서'를 아우르는 중의적인 표현으로 '외는 독서'를 사용했다.

기송 記誦

記 기록할 기
誦 외울 송

기억하여 암송함.

독서의 이름 107

　　조선시대 학자 홍대용은 중국 문인 조욱종에게 '기송(記誦)'의 중요성과 그 방법을 세세히 일러주었다. '독서는 물론 기송(記誦)을 귀하게 여기는 것은 아니지만, 기송이 아니면 초학자가 의지할 곳이 없다. 그러므로 매일 배운 것을 정밀하게 외어야 할 것이다. 음독에 착오가 없는지 확인한 후 산가지를 펼치고, 먼저 한 번 읽고[讀] 그다음 한 번 외고[誦] 그다음 한 번 보며[看], 보고 나서는 다시 읽기로 돌아가 총 30~40번을 되풀이하고 그친다. 한 권이나 반 권을 마칠 때마다 먼저 배운 것도 아울러 읽고 외고 보되, 각각 3~4번을 되풀이하고 그친다.'

　'기송'은 독(讀), 송(誦), 간(看) 순으로 반복하면서 완성하는 독서법이었다. 여기서 말하는 '독(讀)'은 독서(讀書)보다 좁은 의미로 책을 보고 입으로 소리를 내어 읽는 것을 뜻한다. '송(誦)'은 눈을 감고 소리를 내어 외는 것을, '간(看)'은 책을 보고 그동안 익힌 것을 눈으로 따라가며 읽는 것을 뜻한다. '기송(記誦)'은 옛사람들이 배움의 기틀을 잡는 데 있어서 중심 역할을 한다고 여겼던 독서법이다. 기억과 암송은 오늘날에도 공부의 기반이 되는 학습법이다.

독송 讀誦

讀 읽을 독
誦 외울 송

소리 내어 읽거나 외움.

독서의 이름 108

'독송(讀誦)'은 책을 소리 내어 읽고 외우는 독서법이다. 내 목소리는 나의 좋은 친구가 되어준다. 평생 함께 살아온 내 목소리지만 책을 읽는 목소리는 조금 낯설다. 목소리를 내보자. 처음에는 어색하고 민망해서 금방 그만두고 싶어질 것이다. 단번에 익숙하게 잘할 수 없다. 자꾸자꾸 반복해야 소리 내어 독송할 수 있다.

독송은 입으로 소리 내어 읽는 과정을 중시하는 독서법이다. 목소리로 읽는 것은 눈으로 읽는 것과는 또 다른 차원의 독서다. 잡생각이 덮쳐오면 책을 소리 내어 읽자. 내 목소리에 귀를 기울이면 어느새 불안과 소란은 자취를 감출 것이다. 한 번으로 안 되면, 열 번씩 외고 백 번씩 읽자. 조곤조곤 소리 내어 책을 읽으면 조금 더 집중하는 독서, 조금 더 편안한 독서에 가까워질 수 있다.

몰송 沒誦

沒 빠질 몰
誦 외울 송

글이나 책 전부를 모조리 욈.

독서의 이름 109

'몰(沒)'은 물[氵, 삼수변 수]에 풍덩 빠져드는 모습이다. '몰송(沒誦)'은 기억력에 대한 이야기가 아니라 앎에 대한 몰입과 몰두의 이야기다. 몰송은 책에 풍덩 빠져 책 내용을 전부 다 외워버리는 독서법이다.

딸아이가 초등학교 3학년 때 처음 영어 교과과정이 생겼다. 첫 시험을 앞두고 덜컥 걱정에 빠진 아이에게 나는 교과서를 통째로 외우자고 제안했다. 달리 알려줄 실력도 없고 다른 방법도 몰라 둘이서 주고받으며 며칠을 끙끙대다가 교과서 한 권을 모두 외웠다. 첫 교과서라 분량이 많지는 않았지만 10살 아이에게는 꽤 힘든 과제였을 것이다. 책 한 권을 전부 외우는 것이 가지는 위력은 실로 대단해서 딸아이는 묘한 자신감에 휩싸여 학교 영어교실에서 실력 발휘를 했다고 한다. 물론 아이가 지금 영어천재나 영어박사가 되었다는 말은 아니다. 책 한 권을 몰송하는 것은 그 세계로 들어가는 통로를 확보하는 일이다. 그 한 권의 몰송을 통해 엄청난 자신감이 생기는 것을 직접 목격한 진귀한 경험이었다.

송설 誦說

誦 외울 송
說 말씀 설

읽어서 풀어 설명함.

독서의 이름 110

'송설(誦說)'은 읽고 설명하는 독서법이다. 조선시대 학자 임성주는 세자의 공부를 돕는 동생 임정주에게 경전을 해설하는 것이 몹시 중요하니, 반복하고 또 반복해서 훈련해야 한다고 당부했다. '**매 때마다 차 마시고 밥 먹는 것처럼 송설(誦說)한다면 효험이 있을 것도 같다.**'

늘 매번 번번이 언제나 빠짐없이 해야, 잘 읽을 수 있고 잘 설명할 수 있다. 매일 차[茶, 차 다]를 마시고, 매끼 밥[飯, 밥 반]을 먹는 것처럼 하루도 거를 수 없고 한 번도 소홀히 할 수 없다. 그저 눈으로만 읽고 방치하면 온전한 독서가 아니다. 책을 읽고서 자기만의 방식으로 설명해낼 수 있어야 진짜 독서가 완성된다. 독서록이든 독서모임이든 자신의 생각을 말할 수 있는 장치를 마련하고, 책을 읽을 때마다 꼬박꼬박 실천해야 한다. 어떤 이슈를 접하든 입에서 술술 설명이 나오고 어떤 문제를 만나든 척척 해법이 나오려면, 송설의 독서가 일상다반사(日常茶飯事)가 되어야 한다.

누송 淚誦

淚 눈물 루(누)
誦 외울 송

눈물을 흘리며 시나 문장을 읊거나 노래를 부름.

독서의 이름 111

'누송(淚誦)'은 아름다운 시나 문장에 감격해서 눈물을 흘리며 읽는 독서법이다. 『논어』에는 공자의 아들 백어가 공부에 대해 말하는 장면이 나온다. '그때 아버님이 저를 부르시어 시(詩)를 배웠느냐고 물으시기에, 아직 배우지 않았다고 답했습니다. 그러자 아버님께서 시를 배우지 않으면 다른 사람과 대화할 수 없다고 하셔서, 저는 그 뒤 시를 배웠습니다.' 시(詩)에는 사람이 살아가면서 느끼는 기쁨, 노여움, 슬픔, 즐거움이라는 감정들이 모두 담겨 있다. 공자는 아들에게 그러한 시의 중요성을 강조했다. 시를 읽지 않으면 사람과 대화할 수 없고, 사람과 대화할 수 없으면 사람을 읽을 수 없고, 사람을 읽을 수 없으면 공부가 아무 소용이 없기 때문이다.

시를 배운다는 것은 눈물을 배운다는 뜻이며, 책을 읽는다는 것은 다른 존재의 삶에 공감하는 법을 배운다는 뜻이다. 독서는 눈물을 읽고, 눈물로 읽고, 눈물로 남는 일이다.

구송 口誦

口 입 구
誦 외울 송

소리 내어 외우거나 읽음.

독서의 이름 112

'구송(口誦)'은 입으로 소리 내어 읽는 독서법이다. 조선의 21대 왕 영조가 아들 사도세자의 공부를 점검하면서, 세자가 한 글자를 틀리자 입으로만 외울 뿐 아직 마음까지는 다다르지 못했다고 지적했다. '글은 숙독하는 것이 중요한데, 그냥 구송(口誦)만 하기 때문에 금방 잊어버리는 것이다. 속담에 '장 씨네 셋째 아들이 칼로 사람을 죽였는데, 이 씨네 둘째 아들이 처벌받고 죽는다.'라는 말이 있다. 네가 열심히 읽지 않은 탓으로 다른 사람이 벌을 받게 하였다.' 단 한 글자의 실수도 용납하지 않는 것은 야멸참이 아니라, 독서의 본뜻을 알려주고픈 안타까움이다.

장 씨네 셋째가 죄를 지었는데 이 씨네 둘째가 벌을 받는다는 말이 몹시 두렵다. 책이란 그 속에 담긴 글자와 글자들이 유기적으로 연결되어 있어서 한 글자만 잘못 읽어도 전혀 다른 곳을 향해 달려가버린다. 독서란 자세히 읽고 정확히 이해하지 못하면 엉뚱한 사람 목에 칼을 겨누는 것처럼 위험천만한 일이다. 입으로 잘 외는 것도 중요하지만, 정신을 모아 그 속뜻까지 완전히 파악해야 한다.

낙송 洛誦

洛 물 이름 락(낙)
誦 외울 송

글을 되풀이하여 소리 내어 읽음.

독서의 이름 113

『장자』에는 도(道)를 어디서 들었느냐는 질문에 이렇게 답하는 장면이 있다. '**나는 부묵의 아들에게 들었고, 부묵의 아들은 낙송의 손자에게 들었고, 낙송의 손자는 첨명에게 들었고, 첨명은 섭허에게 들었고** (하략)' 부묵(副墨)은 먹물[墨, 먹 묵]을 찍어 붓으로 쓴 서책을 뜻하고, 낙송(洛誦)은 선조들이 입[口, 입 구]으로 되풀이해서 구송(口誦)한 것을 뜻하고, 첨명(瞻明)은 눈[目, 눈 목]으로 밝게 본 것을 뜻하고, 섭허(聶許)는 귀[耳, 귀 이]로 사리를 분별해서 들은 것을 뜻한다. 도는 책을 읽는 것에서 비롯되었고, 그 책은 선조들이 입으로 외던 것에서 비롯되었고, 입으로 외던 것은 눈으로 본 것에서 비롯되었고, 눈으로 본 것은 귀로 들은 것에서 비롯되었다.

책을 읽기 위해서는 입, 눈, 귀의 협력이 필요하다. 독서는 읽고, 보고, 듣는 복합적인 일이다. 독서란 지난 세대가 거듭 강조하는 말을 읽고, 다른 세계가 거푸 주장하는 것을 보고, 다른 사람이 자꾸 반복하는 말을 듣는 과정이다.

훑어보는 독서

'훑어보는 독서'는 독서의 영역을 더욱 확장시키는 독서법이다. '박람(博覽)'은 온갖 물품을 모아놓고 전시, 판매, 홍보, 심사하는 무역박람회에서만 쓰는 말이 아니다. 널리 살펴보고 많이 둘러보는 '람(覽)' 또한 독서의 주요한 방법이었다. 한 권의 책에 집중해서 제대로 소화하고 독파하는 독서도 중요하지만, 다양한 분야의 책을 두루 읽고 빠르게 훑어보는 독서도 귀중하다. '훑어보는 독서'는 넓은 식견과 균형 잡힌 안목을 갖게 하는 긴요한 독서법이다.

박람 博覽

博 넓을 박
覽 볼 람(남)

책을 두루 많이 읽음.

독서의 이름 114

'박(博)'은 열[十, 열 십]까지 펼치는[尃, 펼 부] 모습이다. 숫자 10은 딱 열 개가 끝이 아니라 가득 차는 것을 뜻한다. 박람은 독서를 웬만큼 했다고 멈추는 것이 아니라 자신이 알고 싶은 것, 접할 수 있는 것, 상상할 수 있는 모든 것을 끝까지 꽉 채워 읽기를 원하는 원대한 포부다. 상식을 꽉 채우고, 머리를 꽉 채우고, 결심을 꽉 채우고, 기대를 꽉 채우려는 성실함이다.

박람하면 박학다식하고 박람강기해진다. 박학다식(博學多識)은 학식이 넓고 아는 것이 많은 것을 뜻한다. 박람강기(博覽强記)는 동서고금의 서적을 널리 읽고, 그 내용을 잘 기억하는 것을 뜻한다. 책을 널리 두루 많이 읽었는데 기억력까지 강력하다면 어지간해서는 당해낼 상대가 없다. '박람(博覽)'은 독서의 지평을 넓히고 독서의 역량을 크게 한다.

기람 記覽

記 기록할 기
覽 볼 람(남)

기억하고 살펴봄.

독서의 이름 115

'기(記)'는 말[言, 말씀 언]을 자기 몸[己, 몸 기] 안에 기록하고 저장하고 보관하는 것이다. '람(覽)'은 볼 감(監)과 볼 견(見)이 결합한 글자다. 볼 감(監)은 그릇[皿, 그릇 명]을 위에서 내려다보는 모습이고, 볼 견(見)은 사람이 온통 눈동자[目, 눈 목]만 있는 것처럼 주의 깊게 보는 모습이다. '람(覽)'에는 다양한 관점과 시각으로 많이 보고 넓게 보는 모습이 잘 표현되어 있다.

'기람(記覽)'은 기송(記誦)과 박람(博覽)을 합한 독서법이다. 잘 기억하고 많이 훑어보는 것이 독서의 전부는 아니지만, 기람(記覽)한 것이 머릿속에 남아 있으면 새로운 것을 읽고 접할 때 이해와 해석의 길을 찾는 데 좋은 이정표가 되어준다.

을람 乙覽

乙 새 을
覽 볼 람(남)

임금이 밤에 독서하는 일.

독서의 이름 116

'을람(乙覽)'은 을야지람(乙夜之覽)의 준말로, 임금이 낮에는 정사를 보고 자기 전 을야(乙夜), 곧 밤 9~11시에는 책을 읽는다 하여 생겨난 말이다. 옛날에는 오후 7시부터 다음 날 새벽 5시까지의 하룻밤을 다섯으로 나누어 갑야, 을야, 병야, 정야, 무야로 부르기도 했다. 낮의 일이 끝나면 밤의 독서가 왕을 기다리고 있었다. 을람은 일이기도 하고, 휴식이기도 하고, 의무이기도 하고, 권리이기도 했을 것이다.

잠자리에 들기 전은 왕의 독서 시간이다. 하루 일과를 마치고 잠들기 전 을람하는 왕처럼 독서의 시간을 가져보자. 밤이면 밤마다 책 대신 폰을 잡으면서 책 읽을 시간이 통 없다며 투덜대지 말고, 일찌감치 발 닦고 앉아서 책을 펴자. 밤에 책을 펴면 왕의 독서를 맛볼 수 있다. 내가 좋아하는 책을 골라 침대에서 느긋하게 을람(乙覽)하면, 내내 을(乙)로 살아온 시금털털한 낮 시간의 그림자를 지우고 평안하게 잠들 수 있다. 우리에게도 밤 독서는 놀이기도 하고, 책임이기도 하다.

일람 一覽

一 한 일
覽 볼 람(남)

한 번 봄. 또는 한 번 죽 훑어봄.

독서의 이름 117

'일람(一覽)'은 가벼운 마음으로 책을 한 번 훑어보는 독서법이다. 일람은 그 자체로도 훌륭하지만, 다른 독서법과 함께할 때도 유용하다. 어떤 책은 한 번에 죽 훑어보고 난 후 숙독할 책인지 판단하기도 하고, 어떤 책은 이미 완독한 책이지만 한눈에 쓱 훑어볼 필요가 생기기도 한다.

『알프스 소녀 하이디』를 애독(愛讀)하고, 『완득이』를 반독(返讀)하고, 『삼국지』를 연독(連讀)하고, 다음과 네이버 웹툰을 야독(夜讀)하고, 『멋진 신세계』와 『진격의 대학교』를 병독(竝讀)하고, 『사피엔스』를 통독(通讀)하고, 『불안의 책』을 정독(精讀)하며 정독(情讀)하고, 『100만 번 산 고양이』를 미독(味讀)하던 딸아이는 열아홉 살에 자신만의 독서법을 구축하여 『책구경』이라는 책을 냈다. 명사들의 권장도서를 무작정 읽는 것이 아니라 책구경을 택한 저자의 뜻에 따르면, 『책구경』은 '무엇을' 읽을 것인가가 아니라 '어떻게' 읽을 것인가를 고민하는 책이라고 한다. '책구경'은 책을 한 번 쓱 구경하는 것만으로도 얼마든지 훌륭한 독서가 될 수 있다는 믿음이다. 책의 권위와 무게에 기대거나 짓눌리지 않고, 자신만의 속도와 감성을 살피고 존중하는 자세와 태도가 소중하다.

소람 笑覽

笑 웃음 소
覽 볼 람(남)

보잘것없지만 자기의 글을 웃으며 보아달라는 뜻으로 겸손하게 이르는 말.

독서의 이름 118

 '소(笑)'는 천진난만한 어린아이[夭. 어릴 요]가 깔깔대며 웃는 모습이다. '소람(笑覽)'은 심각하고 진지하게 읽는 것이 아니라 가볍게 재미로 한 번 읽어 봐달라는 부탁이다. 글을 쓰는 작가로서 나의 바람도 독자들의 소람에 있다. 귀한 시간을 내어 책을 읽어주는 독자들이지만, 깊은 깨달음이나 굳은 결심보다는 내 책을 읽고 웃어주었으면 좋겠다는 소박하면서도 큰 소망을 품고 있다.

 독서란 근엄하고 엄숙해서 불편하고 거북한 것이 아니다. 가벼운 마음으로 쓱 훑어보고 한바탕 웃거나, 어쩌다 한 번 읽어보고 살짝 미소 짓는 더없이 유쾌하고 즐거운 일이다. 웃는 독서로 지친 하루를 달래고 구겨진 마음을 펼 수 있다면 얼마나 고마운 일인가. 누구라도 잠시나마 책을 손에 들고 재미난 놀이에 빠진 어린아이처럼 활짝 웃었으면 좋겠다.

고람 高覽

高 높을 고
覽 볼 람(남)

남이 자신의 글을 보아줌을 높여 이르는 말.

독서의 이름 119

'고람(高覽)'은 높고 우아한 식견으로 나의 책을 읽어주는 것을 높이는 말이다. 조선시대 학자 윤기가 강준흠에게 자신의 원고를 돌려달라고 하면서 읽고 나서의 느낌이 어떤지 궁금해했다. '**일전에 가져갔던 글은 오래도록 고람(高覽)하기에는 부족하니, 부디 돌려주시는 것이 어떻겠습니까. 아니면 우러러 화답을 구할만한 점이 있겠습니까? 모과를 던져주면 옥으로 보답하는 것은 예로부터 있어온 법입니다.**' 나는 비록 모과처럼 울퉁불퉁한 글을 주었지만 읽는 사람은 나에게 옥처럼 귀한 글을 선물한다는 뜻이다. 다른 사람의 책을 읽고 화답하는 글을 짓는 것은 예로부터의 전통이었다.

독서는 책을 읽고 나서 쓰고 싶은 글, 하고 싶은 일, 전하고 싶은 말이 생기는 일이어야 한다. 단지 책을 읽는 것만으로 끝낸다면 반쪽짜리 독서다. 어떤 느낌인지, 무슨 생각이 들었는지 메모하고 기록하며 그 책과의 만남에 화답해야 한다. 꼭 남 앞에서 공표하지 않더라도 스스로에게 책에 대한 감회를 말해주자. 읽고서 그냥 내버려두면 모과차를 마신 정도의 효용에서 끝나지만 기록을 남기면 옥처럼 빛나는 고귀한 독서력으로 돌아온다.

구람 購覽

購 살 구
覽 볼 람(남)

책이나 신문, 잡지 따위를 구입하여 읽음.

독서의 이름 120

'구(購)'는 돈[貝, 조개 패]을 주고 무언가를 사는 것을 뜻한다. 구람은 돈을 주고 책을 구입해서 읽는 독서법이다. 조선 후기부터 대한제국 시기까지 활동했던 학자 황현은 서책을 몹시 좋아해 심지어 땅을 팔아 방대한 양의 책을 구입해서 읽었다. '**갑오년**(1894) **이후 세상의 변천을 사무치게 느껴 비로소 서양의 서적을 구람**(購覽)**하였다. 또** 『**문헌통고**』**,** 『**통전**』 **등의 서적까지 두루 구입하였다.**' 서양 서적은 무엇을 얼마나 샀는지 알 수 없지만, 『통전』은 고대부터 당 현종까지 중국의 여러 제도를 분류하고 기록한 책으로 200권이며, 『문헌통고』는 『통전』을 증보한 책으로 348권이다. 황현의 '구람(購覽)'은 빠르게 변화하는 세상을 간파하기 위한 최고의 전략이며 전력을 다하는 최선의 노력이었다. 전답을 팔아서, 재산을 털어서 새로운 세상을 읽는 데 투자했다.

독서는 돈이 꽤나 많이 드는 일이다. 공짜로 할 수 없다. 독서란 그럭저럭 대충 해도 되는 그저 그런 일이 아니라 모두를 쏟고 모두를 걸어야 하는 절박하고 살벌한 일이다. 나의 시간, 나의 열정, 나의 통장, 나의 재능을 몽땅 써야 다가갈 수 있는 영역이다. 독서력이란 그 값을 제대로 톡톡히 지불하고서야 비로소 생성되는 능력치다.

피람 披覽

披 헤칠 피
覽 볼 람(남)

책이나 문서 따위를 펼쳐 봄.

독서의 이름 121

'피(披)'는 손[手, 손 수]으로 물건의 겉면[皮, 가죽 피]을 헤치고, 펼쳐서 그 내용물을 보는 모습이다. 여말 선초(麗末鮮初) 학자 권근은 「연복사에서 대장경의 피람을 행하는 소[演福寺行大藏經披覽疏]」에서 '**일천 상자의 대장경을 간행해 새로운 경전을 이룩하였습니다. 이미 책장을 만들어 봉안하였으니 이제는 읽어야 하겠습니다.** (중략) **이 비용이 모두 백성에게서 나왔으니, 이익과 복덕을 어찌 혼자 독차지하겠습니까. 부처님의 지혜로운 거울이 널리 비추시어 혜택을 골고루 베푸소서.**'라고 했다.

나는 책을 처음 열었을 때의 기운을 믿는다. 많고 많은 책 중에서 바로 이 책이 하필 지금 나에게 당도함은 말할 수 없이 깊고 짙은 인연이 내게 준 선물이라 여긴다. 나도 모르게 가빠진 들숨과 날숨을 조절하며 택배 상자를 열고, 비닐 포장을 뜯고, 책을 펼칠 때의 기대와 설렘이 독서의 거의 모든 것이라고도 느낀다. 책은 자신에게 헌신하고 공감하는 사람에게 자기가 지닌 모든 지혜와 지식, 감성과 감각을 기꺼이 내어준다. 독서란 책을 펼침으로 시작되는 기적 같은 일이고, 출판이란 독서라는 은혜로운 혜택을 세상에 널리 베푸는 다정한 일이다.

전람 電覽

電 번개 전
覽 볼 람(남)

글의 내용을 빨리 훑어봄.

독서의 이름 122

'전(電)'은 비[雨, 비 우]가 올 때 번개[电, 번개 전]가 치는 모습이다. 전광석화(電光石火)라는 말이 있다. 번갯불이나 부싯돌의 불이 번쩍거리는 것과 같이 매우 짧은 시간이나 매우 재빠른 움직임을 비유하는 표현이다. '전람(電覽)'은 글을 번개처럼 빨리 훑어보는 독서법으로, 비슷한 말에는 천둥처럼 얼른 스쳐보는 '뇌람(雷覽)'이 있다.

전람과 뇌람을 다른 쪽으로 생각해보면, 번개가 치고 천둥이 치는 중에도 침착하게 집중하는 기특한 독서법이다. 살아가다 보면 유독 중요한 결정은 몹시 혼란스러운 중 아주 짧은 순간에 내려야 하는 경우가 많다. 먹구름이 끼고, 비가 내리고, 폭풍이 몰아치는 것처럼 위급한 상황 속에서 빠르고 바른 판단을 내릴 수 있는 바탕이 되어주는 것 또한 독서다.

쓰는 독서

'쓰는 독서'는 메모와 그림, 밑줄과 별표 등 책을 더럽히는 것으로 책을 아끼는 독서법이다. 눈으로 읽고, 입으로 읽고, 귀로 읽고, 마음으로 읽는 독서뿐 아니라 펜을 들고 직접 손으로 쓰면서 하는 독서 또한 매력적이다. 책에서 자신이 좋아하는 구절을 뽑아서 쓰든, 책을 읽으면서 떠오른 생각을 덧붙여 쓰든, 책의 처음부터 끝까지 모든 부분을 정성스럽게 베껴 쓰든 다 좋다. 특별한 내용을 쓰는 게 아니라 쓰는 것이 특별한 일이다. 독서와 쓰기, 쓰기와 독서는 서로가 서로에게 긴밀히 연결되어 있다. '쓰는 독서'는 독서의 새로운 가능과 기능을 열어주는 소중한 독서법이다.

초서 抄書

抄 뽑을 초
書 글 서

책의 내용 가운데 중요한 부분만을 뽑아서 씀.

독서의 이름 123

　청나라 학자 이광지는 중요한 부분을 뽑아서 베껴 쓰는 독서법을 자식들에게 가르쳤다. '**독서란 눈이나 입으로 읽는 것보다 손으로 직접 써보는 것이 낫다. 손이 움직이는 대로 마음이 따르므로, 비록 20번을 읽고 외운다 해도 공들여 한 번 써보는 것만 못하다.**' 정조가 가장 먼저 검서관으로 뽑은 이덕무가 이광지의 손으로 하는 독서법에 대해 소개한 글이다. 스무 번 읽는 것보다 정성껏 한 번 쓰는 것이 낫다니 흥미가 생긴다.

　'초(抄)'는 손[手, 손 수]으로 조금씩[少, 적을 소] 뽑아내는 것을 뜻한다. 초서는 자신에게 필요한 것을 자신의 손으로 고르고 뽑아내는 독서법이다. 내가 선택하고 내 손으로 베껴 쓰는 행위는 책의 내용을 다시 보게 만들고, 내 안에 내장된 정보와 연계시켜 비교하고 분석하게 만든다. 독서는 책에 써져 있는 대로 얌전히 수긍하고 마는 수동태가 아니라, 내 기준에 따라 책을 다시 추적하고 축적하는 능동태의 일이다.

질서 疾書

疾 신속할 질
書 글 서

책을 읽다가 떠오르는 생각을 재빠르게 씀.

독서의 이름 124

    조선시대 학자 이익은 『맹자질서(孟子疾書)』 서문에서 경전을 읽으면서 깨달음이 있을 때마다 재빠르게 기록할 것을 강조했다. '내가 『맹자』에다 힘을 쏟은 지 오래되었다. 처음 이 책을 읽다가 문득 기록하지 않으면 기억할 수 없겠다고 생각하였다. 이에 항상 붓과 종이를 가지고 다니며 견해가 떠오르면 반드시 기록해두었다.' 그는 『맹자』 이후로 『대학』, 『소학』, 『논어』, 『중용』, 『근사록』, 『심경』, 『주역』, 『서경』, 『시경』, 『가례』를 차례로 '질서(疾書)'하였다.

    '질서(疾書)'는 책을 읽다가 생각이 떠오르면 바로 기록하는 독서법을 말한다. 빠르게 메모하는 이유는 재빠르게 하지 않으면 생각과 느낌이 사라지기 때문이다. 생각은 너무 빨리 휘발되고 느낌은 너무 빨리 흩어진다. 아주 잠깐 모습을 보였다가 흔적도 없이 사라져버린다. 전속력으로 질주하듯 신속히 기록해야 어렴풋하게나마 자취를 더듬어볼 수 있다. 문득 떠오르는 그 순간을 낚아채는 기술과 장치가 필요하다. 늘 수첩과 펜을 휴대하든, 핸드폰에 메모 앱을 깔든, 태블릿의 기록창을 이용하든, 책의 여분 공간에 별표와 밑줄을 치든… 짧고 긴 메모가 빼곡한 독서, 질서(疾書)가 절실하다.

필사 筆寫

筆 붓 필
寫 베낄 사

베끼어 씀.

독서의 이름 125

 '필사(筆寫)'는 원본을 그대로 베껴 쓰는 독서법이다. 조선시대 학자 채제공은 갑작스레 아내 오 씨를 잃고 슬퍼하다가, 그녀가 평소에 필사하던 책을 상자에 넣어 늘 곁에 두었다. '**흐느끼며 집안을 이리저리 배회하다가 홀연 언문책 한 권을 발견하였다. 바로 부인이 손수 쓴 책이었는데 미처 필사를 다 마치지 못한 것이었다. 글씨가 부드럽고 아름다워 마치 부인을 보는 듯했다.**' 깨끗한 종이와 먹을 따로 마련하여 필사하기를 마치 매일 정해진 일처럼 행했던 부인이었기에, 홀로 남겨진 남편은 그리운 아내를 보듯 필사한 책을 보았다.

 필사한 글씨만 봐도 그 사람의 정성과 성정을 알 수 있다. 필사는 남의 글을 아무 생각 없이 보이는 대로 복사하는 것이 아니라, 한 글자 한 글자 사진을 찍듯 가슴에 새기는 독서법이다. 필사(筆寫)는 남의 책을 보며 별생각 없이 끼적이는 것이 아니라, 책이 지금 나에게 건네는 말을 가슴에 담기 위한 필사(必死)의 노력이다.

독서의 이름

구독	송독	통독	독도	
체독	필독	임독	독파	
오독	암독	약독	독후	
야독	완독	백독	독료	
색독	적독	애독	서음	
신독	범독	도독	우목	
심독	연독	전독	도능독	
완독	필독	차독	고성대독	
전독	낭독	난독	독서삼여	
정독	삼독	다독	사가독서	
일독	경독	배독	독서삼도	기송
남독	교독	검독	폐호독서	독송
편독	합독	봉독	고봉독서	물송
반독	시독	중독	독오거서	송설
이독	진독	숙독	월광독서	누송
정독	습독	역독	독서삼매	구송
졸독	갱독	강독		낙송
초독	재독	편독		
염독	목독	윤독		박람
권독	풍독	번독		기람
				을람
음독	복독	적독		일람
훈독	비독	서독		소람
배독	탐독	완독		고람
회독	열독	와독		구람
정독	열독	묵독		피람
미독	반독	관서		전람
해독	병독	구서		
속독	난독	금서		초서
세독	회독	간서		질서
배독	소독	독사		필사

우리가 몰랐던 독서법

購讀	誦讀	通讀	讀圖
體讀	畢讀	臨讀	讀破
誤讀	暗讀	略讀	讀後
夜讀	玩讀	百讀	讀了
色讀	積讀	愛讀	書淫
身讀	泛讀	盜讀	寓目
心讀	速讀	轉讀	徒能讀
完讀	必讀	借讀	高聲大讀
展讀	朗讀	難讀	讀書三餘
情讀	三讀	多讀	賜暇讀書

一讀	耕讀	背讀	讀書三到	記誦
濫讀	交讀	檢讀	閉戶讀書	讀誦
偏讀	合讀	奉讀	高鳳讀書	沒誦
返讀	始讀	重讀	讀五車書	誦說
耳讀	眞讀	熟讀	月光讀書	淚誦
正讀	習讀	譯讀	讀書三昧	口誦
卒讀	更讀	講讀		洛誦
初讀	再讀	徧讀		
念讀	目讀	輪讀		搏覽
勸讀	諷讀	翻讀		記覽
				乙覽
音讀	復讀	摘讀		一覽
訓讀	飛讀	徐讀		笑覽
拜讀	耽讀	緩讀		高覽
會讀	熱讀	臥讀		購覽
精讀	閱讀	默讀		披覽
味讀	伴讀	觀書		電覽
解讀	竝讀	九書		
速讀	亂讀	琴書		抄書
細讀	回讀	看書		疾書
配讀	素讀	讀史		筆寫